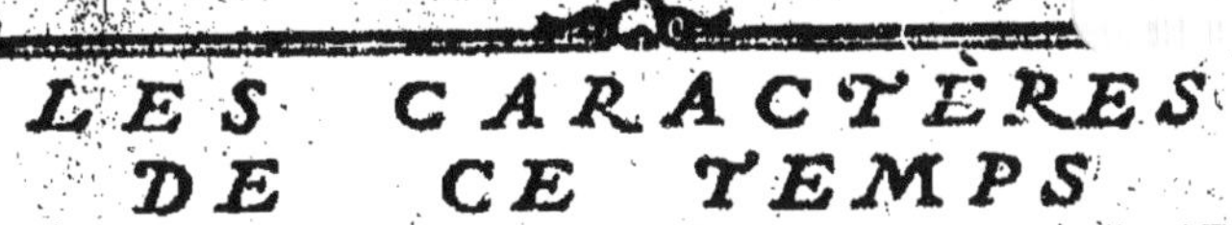

LE POLITIQUE

PAR
LOUIS BARTHOU
DE L'ACADÉMIE FRANÇAISE

A PARIS

Chez HACHETTE

LE POLITIQUE

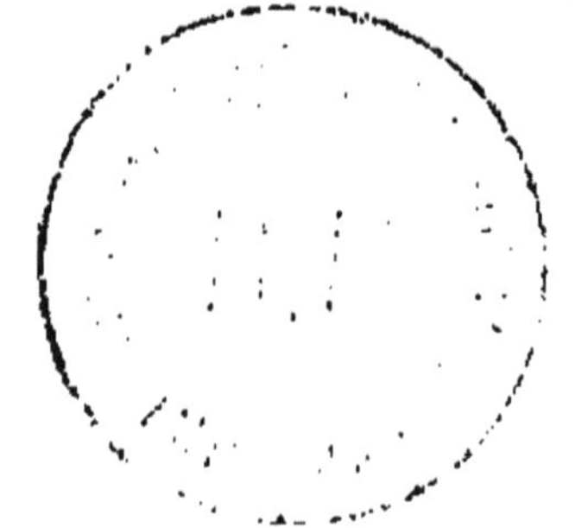

LES CARACTÈRES DE CE TEMPS

LE POLITIQUE, Par Louis BARTHOU, de *l'Académie Française.* — LE PAYSAN, Par Henry BORDEAUX, de *l'Académie Française.* — LE PRÊTRE, Par l'Abbé BREMOND, *de l'Académie Française.* — LE BOURGEOIS, Par Abel HERMANT. — LE FINANCIER, Par R.-G. LÉVY, *Membre de l'Institut.* — L'HOMME D'AFFAIRES, Par Louis LOUCHEUR. — L'ÉCRIVAIN, Par Pierre MILLE. — LE SAVANT, Par le Prof. CH. RICHET, *Membre de l'Institut.* — L'AVOCAT, Par HENRI-ROBERT, *Ancien Bâtonnier.* — L'ARTISTE, par R. DE LA SIZERANNE. — L'OUVRIER, Par Albert THOMAS. Etc., etc.

LE POLITIQUE

PAR

LOUIS BARTHOU

DE L'ACADÉMIE FRANÇAISE

A PARIS

Chez HACHETTE

LE POLITIQUE

AVANT-PROPOS

> *Qu'il est difficile d'être content de quelqu'un !*
>
> *... Le contraire des bruits qui courent des personnes ou des affaires est souvent la vérité.*
>
> (La Bruyère.)

EST-CE à un homme politique qu'il appartient de parler du *Politique* ? Sans doute il connaît mieux qu'un autre les détours du sérail dans lequel il passe sa vie, mais ne finit-on pas par ne plus voir ou par voir mal, les choses et les gens dont on a l'habitude, et l'action ne nuit-elle pas à l'observation ? Celui qui vient du dehors regarde au contraire avec des yeux frais un spectacle dont l'usage ne l'a pas encore lassé : il est, ou il peut être, un témoin impartial. Mais est-il renseigné ? Il faut beaucoup d'expérience pour démêler tous les dessous d'un monde très complexe, où les apparences, si l'on s'en tient uniquement à elles, risquent de tromper, tantôt en bien et tantôt en mal, sur le fond et sur le jeu des réalités.

Aussi, tout pesé, et en règle générale, peut-être vaut-il mieux que l'ouvrier parle lui-même de sa profession et de ses outils. Seulement, avec la politique, il y a un écueil, dont la plupart des professions n'offrent pas le risque.

Tandis qu'elles poursuivent des buts privés ou qu'elles affectent des intérêts particuliers, la politique se confond, ou du moins elle en a le devoir et la prétention, avec l'intérêt général. Un homme public est, comme le mot le dit assez, un homme qui appartient à tous. Il n'exerce pas une profession : il remplit un mandat. On exige de lui ce que l'on n'attend pas des autres. Il est soumis au contrôle incessant d'une critique sévère. L'opinion, pour lui, ce sont des *opinions*, et ce pluriel suffit à dire la variété des jugements, toujours contradictoires et souvent inconciliables, auxquels sa conduite l'expose. Il n'est pas seulement responsable de ce qu'il fait ou de ce qu'il dit : ses abstentions ou ses silences ne l'engagent pas moins que ses actions ou que ses paroles. Il est un être à part. Tout en lui est péril et contraste. Quand un médecin a donné sa consultation ou qu'un avocat a terminé sa plaidoirie, il est quitte envers son client et il ne doit des comptes à personne. L'homme politique doit toujours des comptes, et il a tout le public pour clientèle. S'il est vrai qu'*on monte à un poste éminent plus aisément qu'on ne s'y conserve* et que *l'on voit des hommes tomber d'une haute fortune par les mêmes défauts qui les y avaient fait monter*, ces défauts prennent dans la chute un relief qui ne laisse rien subsister, ou peu s'en faut, des qualités et des services. Le *Politique* qui passe pour le plus heureux a connu, il connaît ou il connaîtra la déception, irritante, humiliante ou douloureuse, des mauvaises fortunes. Ne riez pas : il est à plaindre.

Aussi ma sympathie n'est-elle pas l'expression d'une solidarité intéressée ou d'une camaraderie complaisante : il y entre un sincère esprit de justice. Ce petit livre n'est pas une plaidoirie : il est un témoignage. Qui sait si, étant de bonne foi, il ne connaîtra pas le sort contraire d'être blâmé par les uns pour sa bienveillance et d'être dénoncé par les autres pour sa sévérité ? Je me résigne à ce double risque : il n'est pas nouveau pour moi.

Mais je n'ai pas davantage l'ambition de dire des choses nouvelles. *Tout est dit, et l'on vient trop tard....* On vient surtout trop tard pour fixer un caractère, depuis plus de deux cent trente-cinq ans que La Bruyère a publié la première édition de son livre immortel. Rien de ce qui est humain n'a échappé à son observation et à sa clairvoyance. Rien, pas même *le Politique*. Il ne le nomme qu'à trois reprises et, à la différence de l'homme de guerre, du diplomate, de l'homme d'église, des P. T. S. (lisez des *partisans*, car les abréviations elles-mêmes ne sont pas nouvelles), et de tant d'autres, et de presque tous les autres, il n'en fait pas un portrait en pied. Mais si vous reprenez les chapitres sur le *Mérite personnel*, sur la *Cour*, sur les *Grands*, et surtout sur le *Souverain* ou la *République*, vous y trouverez tous les traits, ici profondément creusés, là dessinés en largeur, qu'il suffit de réunir pour avoir un type complet, ressemblant, fidèle et criant de vérité, du Politique d'aujourd'hui. *Le Souverain* est devenu la *République* ; les privilèges de la naissance ont cédé la place aux droits de l'élection ; mais l'homme est resté l'homme. Il y a encore des courtisans et des intrigants ; des favoris et des clients ; des parvenus audacieux et des fripons utiles.

J'ai connu *Celse* et *Arrias* réunis en un seu personnage, aggravé de *Basilide*. J'ai rencontré *Périandre* ; que dis-je ? j'ai dîné, je dîne chez *Périandre* et, si les soupers étaient encore à la mode, je serais de ses soupers ! Je sais qu'il faut se méfier de *Théocrine*, dont je ne me méfie d'ailleurs pas assez. J'ai vu *Egésippe* hésiter, non devant ses mérites, mais devant l'emploi de son mérite. Je coudoie *Érophile*, et *Artémon*, et *Chrysante*, et *Timante*, et *Aristarque*, et *Pamphile*, et *Démophile*... Ils vivent, ils parlent, ils agissent, ils gouvernent. Mais heureusement, si abondante et si riche de types que soit leur galerie, elle n'est pas seule.

Comme au siècle de La Bruyère, il y a aussi, inégalement distants l'un de l'autre, *l'habile homme*, « qui entend ses intérêts », *l'honnête homme*, « qui ne vole pas sur les grands chemins », et *l'homme de bien*, qui, « sans être ni un saint, ni un dévot, s'est borné à n'avoir que de la vertu ». Tout y est, *nous y sommes tous*, et, s'il cherche bien, chacun y reconnaîtra... son voisin. A quoi bon dès lors plagier La Bruyère ? C'est que les ressemblances, qui tiennent au fond de la nature humaine, n'excluent pas les changements ni les apports, qui sont l'œuvre du temps. Chaque *temps* a ses *caractères*, et il y à la fois très près et très loin du *Politique* sous Louis XIV au *Politique* sous M. Alexandre Millerand.

Septembre 1923.

PREMIÈRE PARTIE

LA PRÉPARATION

> *Il n'y a aucun métier qui*
> *n'ait son apprentissage.*
> (LA BRUYÈRE.)

CHAPITRE PREMIER

LES ORIGINES

Une définition d'Aristote : « l'animal politique ». ❙ *Les traditions de famille et la vocation.* ❙ *Mandats et professions : les avocats, les médecins.* ‖ *Le mandat par devoir.*

L'HOMME est un « animal politique » : Aristote l'a dit, et il faut l'en croire, mais à la condition de l'entendre comme il l'a dit. Évidemment on dénaturerait le sens de cette définition classique si l'on se hâtait d'en conclure que tout homme est doué en naissant de l'aptitude à gérer les affaires publiques, comme l'oiseau est apte à voler, le singe à gambader ou le ver à ramper. Le philosophe grec a voulu simplement distinguer l'homme des autres animaux par le besoin où il s'est trouvé de s'organiser en société, après les périodes primitives et sauvages où il ne différait guère de l'animalité inférieure. Aujourd'hui, les progrès de la science nous en ont appris davantage. Le livre célèbre de M. Espinas sur les *Sociétés animales*, qui fut une des joies de ma jeunesse studieuse, avait devancé, par une forte intuition, encore peu documentée, les travaux où s'est dépensé le génie de J.-H. Fabre. La vie des insectes nous a livré les secrets qu'elle dérobait à l'avide curiosité de Virgile, et Pasteur a pénétré jusque dans cette « extrême petitesse de la nature » devant laquelle Pascal hésitait entre l'admiration et l'effroi. Il y a donc, en dehors de l'homme, des sociétés où le travail est commandé, divisé, discipliné. Mais la définition d'Aristote, si elle a perdu de sa portée absolue, n'en renferme pas moins une vérité durable : l'homme seul est un « animal politique », en ce sens que seul il s'est groupé en villes (*Polis*) pour la gestion organisée des affaires communes.

Quelle qu'en soit la forme, despotique, oligarchique ou démocratique, qu'elle s'appuie sur la tyrannie (d'un seul ou de plusieurs), ou qu'elle ait pour règle la liberté, une telle organisation, même à l'état d'ébauche, exige des délégations. Le plus absolu des tyrans ne peut pas, par lui-même, suffire à tout : de quelque nom qu'on les nomme, il a ses agents d'exécution et de contrôle, qui délèguent eux-mêmes une partie de leurs pouvoirs, et ainsi du plus haut au plus bas les fonctions se divisent : il y a une politique, et *le Politique* est né. Avec les démocraties, son rôle s'accroit : l' « animal politique » est un « citoyen », qui a la charge des affaires de la « cité ». Dans la Grèce antique, où l'esclavage tient sous ses liens la plus grande masse, les « citoyens » sont une minorité, qui joue le rôle d'une élite, et le nombre des « politiques » y est restreint comme le suffrage lui-même. Avec les démocraties modernes, le *Souverain* a franchi les barrières, renversé les obstacles et brisé les cadres ; tous, sous des conditions d'âge variables d'un pays à l'autre, et sauf les cas constatés d'indignité, sont des « citoyens », auxquels se joint de plus en plus, lasse d'abus anciens et éprise de droits nouveaux, la classe affranchie des « citoyennes ». Ainsi, la politique est partout ; elle se mêle à tout ; elle envahit et elle domine tout. Mais il ne suffit pas d'être électeur ou éligible pour être un *politique.* L'électorat et l'éligibilité sont des droits : on les exerce ou on ne les exerce pas. Le *Politique,* au contraire, ne laisse pas ces droits en souffrance ; même s'il ne vit pas d'eux, il vit en eux et pour eux. Toute définition est périlleuse, parce qu'il est difficile d'associer l'exactitude à la simplicité et que, à vouloir être simple, on court le risque de la tautologie. Ne suffit-il pas de dire que le *Politique* est l'homme qui fait de la politique, dans l'exercice ou dans l'espérance d'un mandat parlementaire, son occupation principale ? Je ne prétends pas que la définition soit parfaite et je suis bien sûr que l'Académie en donnera, dans un quart de siècle, une meilleure. Mais je crois qu'elle dit tout ce qu'il faut dire et qu'elle ne dit rien que l'on puisse omettre.

Supprimez l'idée de l'occupation principale, qui peut se concilier avec d'autres occupations professionnelles absorbant même un temps plus long, vous n'aurez pas un *Politique* : quand la politique est un accident, une surprise, une aventure, elle ne classe pas son homme ; il faut qu'elle soit un besoin et une habitude, la satisfaction d'une première nature ou, à l'extrême rigueur, la forme irrésistible d'une seconde.

Supprimez, d'autre part, l'idée du mandat *parlementaire*, exercé ou convoité, vous trouvez un administrateur, vous n'avez pas le *Politique*. On peut être pendant de longues années conseiller général, conseiller d'arrondissement, conseiller municipal et même maire, et n'être pas un homme politique. Sans doute il faut, tous les six ans ou tous les quatre ans, subir la nécessité presque inéluctable de se réclamer d'un parti, d'avoir une opinion, d'exprimer un programme, mais l'encre des affiches n'est pas encore séchée que l'on peut, sans manquer à sa parole, pratiquer avec indépendance une administration impartiale, à laquelle la politique reste étrangère.

Le *Politique* exerce ou il veut exercer son action dans le Parlement et dans le Gouvernement. Sous l'*Ancien Régime*, tout se ramenait à la *Cour*. Sous la République (et il n'en irait guère autrement avec une monarchie sincèrement constitutionnelle), le Palais-Bourbon et le Luxembourg règlent la vie du *Politique*. Dehors, il cherche à y entrer : dedans, il ne veut pas en sortir.

Quel goût l'y pousse ? Il y a des traditions de famille et l'on peut demander à l'élection ce qui, autrefois, était plus simplement, trop simplement, acquis par l'hérédité. Mais ces cas sont de plus en plus rares à mesure que les luttes sont plus âpres et qu'il faut payer autant de sa personne que de son nom. Certains noms, qui furent des titres, sont devenus un obstacle, même s'ils sont portés avec honneur et éclat. La démocratie est soupçonneuse : les ralliements ne la rassurent que s'ils sont poussés à l'excès. M. Ribot et M. Guyot-Dessaignes avaient, l'un et l'autre, été magistrats sous l'Empire, le premier avec libéralisme, le second avec une rigueur impitoyable. Et pourtant M. Ribot, parce qu'il était républicain modéré, eut plus de peine à se faire pardonner ce passé que M. Guyot-Dessaignes, porté du premier coup aux rangs avancés du radicalisme. De même, les petits-fils des ministres de Louis-Philippe et de Napoléon III, quoique sincèrement acquis aux nécessités des temps nouveaux, restent suspects de tiédeur républicaine, tandis que le fils de tel ministre du 16 mai a pu occuper, après d'autres étapes, le fauteuil directorial de la rue de Valois. Il a fallu le grand mouvement né de la guerre pour ouvrir, après leur belle conduite militaire, le Parlement à certains hommes que leurs noms rattachent à des régimes déchus : ils n'y ont pas joué de rôle.

Le goût de la politique naît donc moins d'une tradition familiale que d'une vocation personnelle. Il se discipline, mais il ne s'improvise pas. On l'a, si je peux dire, dans le sang. La politique, c'est l'art, la volonté, la passion de gouverner. Ceux qui ne l'aiment pas en prennent difficilement l'habitude ; ceux qui l'aiment y renoncent plus difficilement encore. Les amertumes qu'elle n'épargne pas à ses courtisans sont rarement l'occasion d'un divorce. Un ministre, en rentrant d'une séance parlementaire où il avait été violemment secoué par ses adversaires sans être soutenu par ses amis, confiait son dépit presque découragé à sa femme, qui, miraculeuse exception ! n'aimait pas les honneurs protocolaires. « Démissionne », répliquait-elle, avec le vague espoir d'un renoncement libérateur. — « Je ne puis pas : la politique, c'est comme une maîtresse dont j'aurais à la fois la passion et le dégoût. » Elle dit alors simplement : « C'est le collage : il n'y a rien à faire. »

Mot profond, et qui va loin. De fait, il n'y a rien à faire. Quand ce démon vous possède, l'exorcisme est sans effet : il excite même plus qu'il ne guérit. Il n'y a pas de vocation plus forte que celle du *Politique*. Celui qui en a senti la première morsure ne résiste plus : il est pris pour toujours. Avant la suppression des collèges électoraux d'arrondissement, le *Politique* n'avait pas attendu le conseil fameux d'un ministre oublié pour *regarder du côté d'une circonscription*. Assis sur les bancs du lycée, il la couvait déjà, il la guettait, il la faisait sienne. Il en tenait le possesseur pour un intrus, qu'il fallait chasser, et il s'armait, au moins en imagination, de toutes pièces. Combien de mandats au Palais-Bourbon et au Luxembourg sont un rêve de lycée réalisé dans un âge plus ou moins mûr !

Il est rare d'ailleurs que le chemin s'ouvre tout uni et tout direct à celui qui veut faire de la politique sa carrière principale. Il n'aborde pas du premier coup la rive où son ambition a édifié son rêve. Il y a des étapes : elles ne sont pas obligatoires, mais elles sont assez habituelles. Avant de s'entendre flatter par le titre de : *M. le Député* ou de *M. le Sénateur*, le *Politique* passe par les mandats de conseiller d'arrondissement ou de conseiller général. Il s'y fait la main ou mieux, si l'on pense à l'étrier où il veut monter, il s'y fait le pied. C'est un apprentissage, un essai, un lever de rideau qui précède, renferme et prépare la pièce principale. Quand on est habile, attentif, accessible, familier, empressé, serviable, dévoué, on gagne vite à ce jeu une popularité et une clientèle. On est l'auxiliaire, l'intermédiaire, le commissionnaire de l'électeur auprès de l'administration. On apprend à solliciter et à obtenir. On se fait connaître du sous-préfet, du préfet, de l'ingénieur, du contrôleur, de l'inspecteur primaire ou d'Académie. On sait comment les portes et les oreilles s'ouvrent. On fait du bien et on fait du bruit. Peu à peu, on se rend maître de la situation et on passe pour indispensable. On a franchi les limites de son canton : on est *députable*, et que l'occasion se présente, une occasion longtemps nourrie, caressée, choyée, on est député, « ce bon député »,

« cet excellent député », « ce cher député », « notre député », vers lequel se tournent les regards et les espoirs, et d'où pleuvent les promesses.

Un mandat porte au mandat, et l'on va ainsi du petit au grand, mais, qu'il soit petit ou qu'il veuille devenir grand, il y a des professions qui favorisent plus particulièrement le mandat : elles y encouragent, elles y poussent, elles y aident. Tels les médecins et les avocats. Leurs cabinets, ouverts à tous, leur font vite une publicité, une notoriété et, s'ils sont humains, une popularité. Ils sont des confidents : c'est chez eux qu'aboutissent les tristesses et les misères de la vie, et ils peuvent être des consolateurs.

L'avocat a la barre, qui est déjà une tribune, où il s'essaie et se développe. Il suffit d'un procès retentissant pour établir la réputation de sa parole, sa puissance, sa logique, sa verve, pour le rendre sympathique ou, ce qui est une autre façon de réussir, pour en faire un homme redoutable. Il a aussi ses consultations. Qui n'a pas vu en province, un jour de marché, dans une petite ville, l'antichambre du cabinet d'un avocat encombrée de paysans, venus pour un oui, pour un non, pour rien, ne peut pas savoir comment se forme une influence et de quels éléments, patiemment amassés, est faite une autorité d'arrondissement.

Le médecin reçoit, mais il se déplace : il va en ville et il va à la campagne. On le voit passer dans les rues et sur les routes. Tout le monde le connaît. On sait ses heures, ses habitudes, ses promenades, son caractère, ses manies et ses lubies. Il a ses clients attitrés, mais comme son dévouement n'a pas la seule couleur de ses opinions, sa clientèle s'étend à tous les partis. Il soigne les pauvres avec bonté. Il faut qu'il soit, je ne dirais pas un mauvais médecin, mais un mauvais cœur ou, ce qui est pis, un cœur sot, pour ne pas être aimé. Quand il pose sa candidature, il entre dans les voix qu'il recueille autant de voix de reconnaissance que de suffrages d'adhésion. Croyez-vous que ce brave docteur Grenier, mort récemment, et qu'un voyage en Algérie avait converti au mahométisme, dut en 1897 son élection dans le Doubs à ses pratiques musulmanes, à ses prières, à ses prosternations, à ses ablutions publiques ? Certes non. J'ai gardé un souvenir à la fois pénible et amusant de cette élection qui fut pour le cabinet Méline, dont j'étais le ministre de l'Intérieur, *horresco referens !* une surprise et un échec. Personne ne s'y attendait, et moins que personne le préfet, qui n'avait pas pris cette candidature au sérieux. Le docteur Grenier passa à une majorité écrasante, qui depuis se maintint ou même s'accrut. L'élection de ce député musulman dans une circonscription modérée me causa une vive colère, non parce qu'il était musulman, mais parce qu'il était radical et antiministériel. J'étais jeune ! Ah ! quel télégramme indigné (dont je ne laissai à personne la rédaction), irrité, foudroyant, reçut le préfet du Doubs ! Je ne lui reprochai pas d'avoir empêché un échec, mais de ne l'avoir pas prévu. Que Mahomet fût venu seconder l'opposition de M. Léon Bourgeois, c'était drôle, mais il n'y avait guère à redouter des lendemains semblables. Ce qui était fâcheux, c'était l'erreur de psychologie que le préfet avait commise en ne tenant pas compte des titres que la bonté, toujours généreuse, du docteur Grenier lui avait acquis. Il ne faut rien négliger en politique, rien, pas même les services rendus !

La politique est une carrière ouverte. A la différence des professions proprement dites, qui exigent un examen, un stage ou un diplôme, elle est accessible à tous. C'est une tentation. Aussi, à côté de ceux qui l'honorent, il y a ceux qui l'exploitent. Le mal est ancien : je ne sens pas qu'il se soit accru. Quand on représente la politique comme la « classe des déclassés », on ne prend pas garde que la sévérité du jugement n'atteint pas moins les électeurs que les élus. Mais il y a une injustice dans cette sévérité elle-même. Certes, beaucoup, que n'anime pas le sentiment de l'intérêt public, cherchent dans un mandat un refuge et ils font un métier de ce qui ne devrait être qu'un devoir. Mais ils sont moins nombreux qu'on ne le pense, et on les démasque assez vite pour réparer ou pour prévenir le mal dont ils sont capables. A vrai dire, ici comme ailleurs, ce sont les absents qui ont tort. Ils sont responsables des places qu'ils laissent libres et des conséquences désastreuses qu'ont les batailles dont ils se refusent à prendre leur part. Il y a une phrase de La Bruyère qui m'a toujours étonné : « *Je ne mets av-dessus d'un grand Politique que celui qui néglige de le devenir et qui se persuade de plus en plus que le monde ne mérite point qu'on s'en occupe.* » Qui donc La Bruyère mettait-il au-dessus de Richelieu, dont il fit un si bel éloge dans son discours de réception à l'Académie, et au-dessus de Colbert ou de Louvois ? Il est vrai qu'ailleurs il accuse lui-même la fragilité de son paradoxe en signalant ces « personnes inconnues, que l'on n'emploie pas, qui feraient très bien » ou ces « hommes admirables qui avaient de très beaux génies et qui sont morts sans qu'on en ait parlé. » Malgré cette boutade, le monde mérite donc qu'on s'occupe de lui, et il y a telle forme du désintéressement qui n'est pas loin de ressembler à une désertion. Je ne pense pas comme Vauvenargues que « les plus grands ministres ont été ceux que la fortune avait placés loin du ministère », mais est-ce la fortune qui a éloigné certains hommes, aptes à gouverner, des responsabilités du pouvoir ? Il en est trop que leur paresse ou leur mollesse, leur indifférence ou leur pleutrerie, ont tenus à l'écart des mandats qu'ils auraient pu conquérir. La peur des coups n'est pas toujours le commencement de la sagesse : il faut souvent, dans l'intérêt public, se décider à en porter et se résigner à en recevoir. La tour d'ivoire ne convient qu'aux poètes. Il est du devoir des autres hommes d'en descendre pour se mêler à l'action. La politique est une bataille dont on ne peut pas recueillir les bénéfices sans en courir les risques. Si vous ne voulez pas que le *Politique* soit un politicien et que le mandat s'avilisse en métier, frottez-vous d'huile, entrez dans l'arène et livrez le bon combat pour la cause que vous jugez bonne. Il y a, même en temps de paix, des services commandés.

LA CHAMBRE DE 1919

*Le politique et la Guerre. ‖ Les Anciens et les Nouveaux.
❙ Les Compétences. ❙ Le Parlement professionnel.*

CEUX-LA l'ont compris qui, la guerre achevée, ont engagé sur le terrain électoral la lutte pour l'union nationale et ont donné, à leur retour du front, un exemple que des hommes de l'arrière, entraînés par la fascination du devoir, ont suivi avec une résolution jusque-là peu commune. Ils n'ont cru ni les uns ni les autres que la France victorieuse ne méritait plus que l'on s'occupât d'elle. Tout au contraire, elle avait besoin de leurs efforts, de leur sagesse, de leur énergie, de leur clairvoyance. Le *Politique* ne s'est plus recruté dans les mêmes camps et jamais on ne vit un tel renouvellement dans le personnel parlementaire. Que ce profond changement des personnes ait entraîné une transformation des méthodes et que la machine y ait gagné en rendement, c'est autre chose et, résolu à ne rien cacher de ce que je pense — sinon, à quoi bon écrire ? — je m'en expliquerai là où il faudra que je m'en explique.

D'ordinaire, une Chambre se renouvelle dans la proportion d'un tiers. La Chambre élue au mois de novembre 1919 a renversé la proportion. Je me rappelle l'étonnement effaré des anciens. Les couloirs, où deux mois avant nous nous connaissions tous, nous faisaient l'impression d'un hôtel envahi par l'arrivée de voyageurs nouveaux et inconnus, qui se pressaient et se bousculaient dans tous les sens pour prendre possession de leurs bagages et retirer la clé de leurs chambres. A la lettre, nous avions l'air d'intrus, dont ces occupants impatients toléraient mal la présence. Tandis qu'ils étaient chez eux et sûrs d'eux, nous nous demandions, malgré la certitude d'un bail dûment renouvelé et la quittance en poche, si nous étions encore chez nous. On échangeait plus de regards que de paroles. Des noms se croisaient, des noms de départements ou des noms propres. On s'écartait avec respect au passage des mutilés. Jamais on n'avait vu dans ces couloirs, qui avaient vu tant de choses, un tel parterre de boutonnières rougies ou jaunies. Même sur les visages les plus jeunes, la vie avait déjà marqué son empreinte. Il y avait de la vivacité, de la fermeté et comme un reste de défi dans ces yeux ardents. Quand on a vécu dans les tranchées, on n'a pas peur des couloirs, où l'on n'éprouve que l'embarras des habitudes nouvelles. Pour la plupart, l'acclimatement ne fut pas long. Quoi qu'on en ait dit, les aînés y aidèrent. Le premier moment passé de surprise et de méfiance réciproques, il fallut bien se faire à l'idée de vivre ensemble. Peu à peu les présentations, sollicitées sans hiérarchie protocolaire tantôt d'un côté et tantôt de l'autre, opérèrent des rapprochements. Les anciens n'avaient plus l'air d'être les nouveaux. Ils firent aux hôtes un peu turbulemment arrivés les honneurs de la maison commune. Ils les guidaient et ils les renseignaient. Le Palais-Bourbon est un monde où les couloirs s'ouvrent sur une infinité de locaux et de bureaux plus ou moins grands, dont la destination, quoique indiquée sur la porte, conserve pour les profanes quelque chose de mystérieux. Il faut du temps pour s'y retrouver et pour s'y habituer. C'est une vaste usine dont les dehors, à l'aspect si tranquille, dissimulent aux yeux des passants le grouillement, la vie intense, l'agitation et la trépidation. Au lieu de se simplifier, la machine parlementaire s'est, depuis des années, développée, compliquée et agrandie au point que de vieux routiers de mon espèce n'étaient plus sûrs d'en connaître tous les ressorts et risquaient de butter contre des obstacles imprévus. A plus forte raison, les jeunes. Mais ils se méfiaient moins de l'immeuble, malgré l'infinité de ses détours, que des locataires qu'ils y rencontraient. S'il n'avait dépendu que d'eux, de leur ardeur impatiente et sincère, ils auraient fait maison nette. Ils avaient rêvé d'un bouleversement, d'une rupture avec le passé importun et néfaste, d'un avenir blanchi à la chaux, d'un ordre nouveau dans une France nouvelle. Ces chefs trop connus des vieilles batailles parlementaires les importunaient et les effrayaient. Ils faisaient une exception pour Clémenceau, dont ils oubliaient l'action politique pour ne se souvenir avec gratitude et admiration que de son rôle pendant la troisième partie de la guerre, de son patriotisme intransigeant, de sa confiance inébranlable, de son courage sur le front et à la tribune. Comme eux, il avait fait la guerre et comme eux, il l'avait poussée jusqu'à la victoire. C'était un compagnon de lutte, un camarade et, si j'ose dire, un chef militaire. Mais les autres, ils s'en méfiaient. Quand un groupe se formait autour d'eux, ils se rapprochaient avec une sorte de curiosité instinctive et hésitante, mais on sentait dans leurs regards l'inquiétude prudente et obstinée de gens qui ne veulent pas être trompés. Ils résistaient à la séduction de conseils où ils redoutaient des pièges. Ils ne voulaient pas être les clients de ces patrons usés, dont on leur avait dénoncé les calculs et les projets, l'habileté captieuse, l'ambition inapaisée, la soif de domination, la souplesse ou la perfidie. Ils avaient peur d'être dupes et ils défendaient leur vertu, ou si vous voulez, leur indépendance, qu'ils voyaient entourée de complots et de périls. Certes ils savaient les services rendus, ils ne niaient pas les heures difficiles où des pilotes expérimentés avaient sauvé la barque prête à se briser contre de redoutables récifs, mais ils donnaient à leur gratitude la forme d'une oraison funèbre, et, comme à la guerre, ils enterraient les morts. Seulement, ces morts vivaient ! Sans avoir l'ambition qu'on leur prêtait, et que peut-être d'ailleurs ils se prêtaient les uns aux autres, ils n'étaient pas d'humeur à se laisser écarter, même avec des hommages, et à se laisser ensevelir, même avec des couronnes. Ils sentaient en eux des forces utiles et ils ne croyaient pas que l'expérience fût nuisible à l'action. Ils se défendirent. Entre les anciens et les nouveaux il y eut une sorte de bataille invisible, enveloppée de sourires, où personne ne portait de défi, mais où chacun soutenait et préparait ses positions. Au cours de ma longue vie parlementaire, je n'ai pas observé de spectacle plus curieux, plus amusant et plus nuancé. Il ne fallait pas être grand clerc pour prévoir le dénouement. Quatre Présidents du Conseil en quatre ans : Millerand, Leygues, Briand, Poincaré. Ce ne sont, je crois, ni des nouveaux, ni des jeunes.

Est-ce à dire que les nouveaux, qui, d'ailleurs, n'étaient pas tous des jeunes, étaient vaincus ? Ce serait forcer ma pensée et dénaturer la réalité des choses. La bataille invisible avait été une bataille pacifique, une sorte de bataille des fleurs avec des restes d'épines. On s'était épié plutôt que l'on ne s'était combattu. Il y avait des malentendus à dissiper, et non des conflits aigus à résoudre. Tout n'est pas bon dans les vieilles réputations, mais tout n'est pas juste dans les propos qui les établissent. On se connaît mal à distance, sur les commérages et sur les légendes. Le mieux est de se voir, de se rapprocher, de s'interroger, de se pénétrer ou de se deviner, de se regarder les yeux dans les yeux, avec courtoisie, mais avec franchise. Evidemment il est plus facile de régler ainsi ses comptes d'homme à homme que dans une assemblée où six cents hommes grouillent, crient, s'interpellent, se querellent et s'excitent par leur seule présence dans une salle trop étroite, mal aérée, mal éclairée et mal odorée.

On ne saura jamais de quels méfaits les incommodités de cette salle sont responsables et la part qui lui revient dans les tumultes, dans les rixes, dans ce que la presse, qui n'y est pas mieux installée, appelle les scandales parlementaires. Les députés y sont entassés les uns contre les autres devant des pupitres trop petits sur lesquels ils ont de la peine à écrire une lettre ou une note. Il faut quelquefois, pour sortir, déranger une travée tout entière. Chacun est le prisonnier de voisins qu'il n'a pas choisis. Il est, de temps en temps, question de reconstruire cette salle, qu'aucun public de théâtre ne supporterait, mais on objecte que les plans doivent être subordonnés à la réduction prévue du nombre des députés. Ah ! le bon billet qu'a la Chambre ! On ne diminue pas et on ne reconstruit pas. Les inconvénients s'aggravent, dont le moindre n'est pas le lent empoisonnement d'un grand nombre de « politiques », que leur cœur affaibli ou leurs poumons fatigués disposent mal à la résistance. Ces victimes du devoir professionnel meurent d'un mal ignoré, mais je suis sûr qu'un bactériologiste expérimenté découvrirait dans la salle des séances une variété nouvelle de microbes, qui les ont « eus ». Et je sais des députés qui ont passé du Palais-Bourbon au Luxembourg dans l'unique espoir d'échapper à une infection dont ils sentaient déjà les premières atteintes.

Habitués aux gaz délétères, les « politiques » sortis

des tranchées n'eurent pas grand'peine à s'accommoder de cette atmosphère malsaine, qui était peu de chose à côté des périls qu'ils avaient courus. Mais ils n'étaient pas les seuls « nouveaux » dans cette Chambre aux deux tiers renouvelée. Avec les *combattants*, elle se caractérisait par les *compétences*. Jamais ces « compétences », depuis si longtemps réclamées comme le salut, n'avaient présenté dans le Parlement une masse aussi compacte, aussi variée, aussi choisie, riche de ses « activités privées » et ardente au service du bien public. Nul n'en a mieux parlé que M. Georges Noblemaire, dont le témoignage sera plus autorisé que mon opinion [1].

Puissants industriels, commerçants tous notables et quelques-uns illustres, administrateurs hors de pair, armateurs de tout premiers pavillons, agriculteurs de toute science et de toute pratique, financiers hardis et avisés, économistes riches en théories et en expérience, grands mineurs, grands forgerons, grands cheminots, grands électro-chimistes, grands ingénieurs, grands filateurs, patrons de grandes marques d'automobile et d'aviation, avaient quitté leurs bureaux, leurs usines, leurs magasins, leurs laboratoires.

Cette énumération est imposante. Mais M. Georges Noblemaire est un esprit précis, qui apporte des preuves. Ecoutez, jugez et comptez :

Savants expérimentés, et très généralement heureux, ne l'étaient-ils donc point, les Isaac, les Wendel, les Jourdain, les Prevet, les Manceau, les Marcellot, les Engerand, les Capus, les Geoffroy Saint-Hilaire, les Maillard, les Le Mire, les Plissonnier, les Néron, les Haudos, les Ajam, les Ber-

1. *Carnet de route au Pays des parlementaires*, p. 46.

nier, les Margaine, les Ancel, les Delafoy, les Baréty, les Baudry d'Asson, les Marot, les Bignon, les Blanchet, les Darblay, les Bouilloux-Lafont, les Cordelle, les Louis Dubois, les Flayelle, les Bougère, les Gavoty, les Caillat, les Lavoinne, les Josse, les Guernier, les Peyroux, les Neyret, les Landry, les Monicault, les Ossola, les de Verneuil, les Siegfried, les Thoumyre, les Dior, les Ballande, les Artaud, les Le Trocquer, les de Dion, les Hubert-Giraud, les Loucheur, et trente autres ? Quelle Chambre présenta jamais si riche carte d'échantillons ?

Si je compte bien, voilà cinquante noms, dont tous n'ont pas la même notoriété auprès du public, mais qui sont évidemment les « échantillons » les plus représentatifs du monde industriel, commercial et agricole. Y en aurait-il encore « trente autres » à citer ? Peut-être, quoique... Mais je suis sûr qu'il en manque un à la liste, celui de M. Georges Noblemaire luimême, qui fit, comme spécialiste, un des plus brillants débuts que la tribune ait connus.

Cette liste, il faut le dire d'ailleurs, ne contient pas seulement des noms nouveaux : j'y retrouve de vieilles connaissances des législatures précédentes, mais l'en semble révèle, sinon un rajeunissement, du moins un très large renouvellement. Parmi ces élus, plus ou moins chevronnés, je n'ose pas dire usagés, du suffrage universel, il y en eut un nombre inaccoutumé qui accédèrent presque tout de suite au pouvoir, soit comme sous-secrétaires d'État, soit comme ministres. A ces députés « bien nés », la valeur n'attendit pas le nombre des années qui marquent d'ordinaire les étapes par lesquelles on va vers le ministère. Pour un

Pierre Baudin ou un Guist'hau qui avaient connu le bienfait divin de l'amitié d'un président du Conseil, combien, sous les autres législatures, avaient attendu, malgré leur valeur ou leurs services, un tour qui n'était jamais venu ! Les « compétences » furent plus favorisées. On avait mis en elles de tels espoirs que des « échantillons », pour employer l'expression hardie de M. Georges Noblemaire, furent prélevés en dehors du Parlement et assis, si l'on me permet cette métaphore, dès le début de la législature, sur les bancs ministériels. L'épreuve ne fut pas généralement heureuse, et ceux du Parlement n'eurent pas longtemps à regarder d'un œil jaloux ceux du dehors. Les *élus* reprirent leurs droits sur les *intrus*. D'ailleurs, quand une compétence, étrangère au Parlement, a justifié la faveur ministérielle ou sous-ministérielle dont elle a exceptionnellement bénéficié, il est rare que, prise au goût de la politique, elle ne recherche pas un mandat parlementaire. Ainsi firent M. Loucheur et M. Le Trocquer, qui avaient, l'un et l'autre, servis par de brillantes qualités d'intelligence et d'assimilation, réussi au pouvoir, et dont la politique est devenue non seulement l'occupation principale, mais l'unique carrière.

Aux cinquante « échantillons » qu'il nomme et aux « trente autres » dont il conserve avec prudence l'anonymat, M. Georges Noblemaire attribue, à tous « ou presque », cette qualité d'avoir été « heureux » que Napoléon exigeait de ses lieutenants avant de leur donner un commandement. Ce n'est pas une règle absolue. On peut être heureux dans ses propres affaires, et mal gérer les affaires publiques, comme il arrive que la mauvaise administration de sa fortune privée ne soit pas un obstacle à la bonne direction d'un département ministériel. Les conditions ne sont pas les mêmes. Pourtant, Napoléon avait raison. Tous ceux qui ont de la chance ne la méritent pas, et j'accorde qu'elle est moins une qualité qu'une habitude ; mais il vaut mieux se servir des hommes « heureux » que des autres, puisqu'il leur arrive même d'être aidés par leurs défauts ! Ainsi heureux presque tous, les cinquante et les « trente autres » compétents arrivèrent au Parlement à l'heure où la France, lasse des agitations passées, attendait une orientation nouvelle des hommes nouveaux qu'elle avait choisis. Pour tout dire, le *Politique* professionnel avait perdu sa faveur, et elle espérait, après une victoire chèrement acquise, son relèvement économique de députés que leurs professions avaient tenus éloignés des passions, des intrigues et des mœurs de la politique. Pauvres anciens ! Leur hécatombe fut le signe le plus caractéristique des élections générales du 16 novembre 1919. Place aux jeunes ! L'assaut fut mené, par un singulier paradoxe, sous la bannière de M. Clemenceau, qui avait soixante-dix-huit ans d'âge et cinquante ans de vie politique ! Mais la guerre, qu'il avait bien faite, avec une indomptable ténacité, ne l'avait-elle pas transformé lui-même au point d'en faire un homme nouveau ? L'élan fut tel que, vaincu par sa propre conquête, le cabinet laissa des cadavres sur le champ de bataille et que plusieurs ministres, malgré le prestige du « patron », mordirent la poussière et durent attendre les élections sénatoriales, si proches et déjà si différentes ! pour retrouver un mandat.

Ce que firent les *compétences* entrées dans la carrière d'où elles avaient chassé les *politiques*, relève de l'action, et je le dirai en sa place. Mais je ne crois pas me tromper de chapitre en disant ici que ces compétences, attendues avec impatience et saluées avec enthousiasme, ont tué l'idée, ingénieuse et séduisante, d'un Parlement professionnel. J'ai connu des esprits hardis, fatigués de battre les mêmes semelles à la même place, qui voyaient dans la *profession* l'élément actif d'une régénération nationale. Je n'ose pas croire que, bercés par une illusion propre à de jolis couplets oratoires, ils y aient renoncé, malgré qu'ils en parlent moins, mais je suis sûr de ne pas forcer la loi des événements en disant que ceux-ci ont infligé à leur idéal un démenti dont il ne se relèvera pas. Qu'on envisage à côté d'un Parlement politique un Parlement exclusivement professionnel ou, dans un Parlement politique, des catégories professionnelles, aucune des deux conceptions ne résiste à la leçon des faits. La dualité serait non une collaboration dans l'émulation, mais une concurrence acharnée et âpre, et, presque sans transition, un duel mortel entre deux forces résolues à se détruire. Quant aux catégories spéciales, elles seraient, de quelque façon qu'on les organise, l'expression d'une sorte de guerre de classes, contraire à l'unité nationale. Je ne conteste pas ses droits à la représentation professionnelle, ni ses titres, ni son rôle. Mais elle a ses limites et ses moyens d'action. D'un côté, les Chambres de commerce ; de l'autre, les Syndicats. Ces institutions, dont il n'est pas excessif de dire qu'elles n'ont encore ni les unes ni les autres compris toute leur vraie raison d'être, peuvent, si elles s'en pénètrent, rendre les plus grands services. Mais ne les mettez pas où elles ne doivent pas être. Chacun doit faire son métier. J'ai dit comment le *Politique* se prépare au sien, souvent en ne s'y préparant pas. Mais il faut le juger à l'action, comme le maçon se juge au mur. Voyons-le agir : je vous avertis tout de suite, pour éviter toute surprise, qu'il est ondoyant dans un spectacle divers.

DEUXIÈME PARTIE

L'ACTION

> *Le guerrier et la politi-*
> *que non plus que le joueur*
> *habile ne font pas le ha-*
> *sard, mais ils le prépa-*
> *rent... et ils savent s'en*
> *servir quand il arrive.*
> (LA BRUYÈRE.)

CHAPITRE PREMIER

LES PREMIERS PAS

L'entrée au Palais-Bourbon. ‖ *Le Bureau d'âge.* ‖ *Les Bureaux.* ‖ *Les Groupes.* ‖ *Les Commissions.*

QUI est le plus heureux, d'un jeune député ou d'un vieux sénateur (par définition, tous les sénateurs sont vieux) qui entrent, pour la première fois, investis d'un mandat, l'un au Palais-Bourbon et l'autre au Luxembourg ? Je ne me prononce pas entre deux joies qui, pour des raisons différentes, doivent avoir une intensité égale. Mais je suis bien sûr qu'aucune profession ne réserve à son débutant une satisfaction semblable à celle du *Politique* qui, à peine élu, pénètre, comme chez lui, dans l'un des palais où siège la représentation nationale. Être député, quel rêve ! Non : quelle réalité ! On sort d'une bataille, d'une « campagne », d'une lutte ardente ; on a parcouru des communes, des cantons, des arrondissements, un département ; on a porté des coups et on en a reçu ; on a été acclamé et sifflé, loué et injurié ; tantôt on a soulevé sous ses pas le murmure des espoirs flatteurs, et tantôt on a déchaîné par sa seule présence la tempête des menaces grossières ; ici l'insolence vous a traité comme un drôle, là vous avez presque fait figure de héros : on a connu toutes les émotions, toutes les surprises, toutes les perfidies, tous les dévouements ; on a caressé des douceurs de sa parole les auditoires acquis et on a cassé sa voix impuissante contre les foules hostiles ; on a supputé ses chances, fait et refait des calculs, aligné, corrigé et rétabli des chiffres ; on a passé de la certitude au doute, et de la confiance au découragement ; on a attendu avec une anxiété croissante l'heure fatidique et décisive sur laquelle on a cru parfois jouer toute sa vie !... Cette heure a sonné, enfin ! sinon le triomphe, du moins le succès : on est député. Être député ! Franchir les grilles du Palais-Bourbon, répondre par son titre à un huissier encore mal informé qui vous demande votre nom ; entrer à la questure pour donner son nom et son titre ; retirer du papier à lettres, des cartes-lettres, des enveloppes *avec en-tête* ; faire le tour des couloirs et des salles ; prendre « quelque chose » à la buvette ; s'arrêter devant le comptoir où se débitent les cigares *les cigares de député* ; jeter un regard à la fois triomphant et inquiet dans la salle des séances, sur ces galeries théâtrales d'où descendront des curiosités, et peut-être des sourires, et peut-être des promesses ; voir de près cet honneur et ce péril, Capitole et Roche Tarpéienne, la tribune française, et y risquer même, dans la solitude assurée, un passage rapide ; promener sa notoriété croissante, qui pourra devenir une force redoutée et une gloire enviée, au milieu des journalistes empressés et indiscrets ; être présenté aux illustrations, aux présidents des groupes, aux chefs d'hier et de demain ; raconter aux uns et aux autres les incidents de la grande bataille électorale, de *sa* bataille ; se faire connaître et presque déjà se faire valoir ; comparer des dates pour savoir si l'on aura la chance de siéger, lors des premières séances, parmi les secrétaires, dans le *bureau d'âge* ; attendre avec une fébrile impatience la séance d'ouverture, l'inauguration solennelle et tumultueuse où s'opère, selon des rites consacrés, la prise de possession *officielle* d'un titre, d'un rang, d'un banc, d'un fauteuil, d'un pupitre. Qui n'a pas vécu, en tout ou en partie, ces impressions, ces sensations, ces sentiments, ne peut pas comprendre l'intensité et la variété des émotions que ces deux mots : *être député* ! renferment, surtout pour qui arrive à la vie publique dans la fleur de sa jeunesse.

L'avocat qui porte pour la première fois dans la salle des Pas-Perdus une robe, un rabat et une toque croit que tous les regards sont fixés sur lui, mais sa joie et son illusion sont de courte durée. Il n'agit que s'il parle à la barre. Au Palais-Bourbon, l'action précède la tribune, dont elle peut être indépendante. La présence dans la salle des séances est le premier acte par lequel s'exerce la vie professionnelle. Cette vie débute, pour une législature nouvelle, par l'entrée du doyen d'âge assisté des secrétaires qui doivent, comme lui, leur honneur éphémère au hasard d'un millésime. On regarde l'ancêtre avec respect et les cadets avec envie, mais les deux sentiments se réconcilient dans la salve traditionnelle d'applaudissements unanimes qui va à l'un et aux autres. Avant que la formule sacramentelle l'ait ouverte, la séance est commencée.

Il est difficile d'être un bon président d'âge. La malice, la malignité et même la méchanceté ne perdent jamais leurs droits dans une assemblée, et « le vieux », comme on l'appelle, ne bénéficie pas longtemps de la vénération collective qui l'a, tout d'abord, salué. On guette son discours. S'il est bref et clair, et surtout étranger aux passions politiques, le succès en est certain : il peut même être triomphal si l'autorité d'une vie consacrée au bien public rehausse la sagesse des conseils de l'allocution présidentielle. *Un vieillard... qui a un grand sens et une mémoire fidèle, est un trésor inestimable : il est plein de faits et de maximes.* J'ai connu de tels trésors. Le « vieil Allobroge », qui fut le doyen de mes débuts, était un président admirable, dont les « maximes », fondées sur l'expérience, nourrissaient des discours solides et drus, toujours acclamés.

Jules Siegfried, le vieil Alsacien, plaisait aussi par sa sagesse et par son « grand sens », que tous respectaient. Avec M. Andrieux, la note est différente. *Un vieillard est fier, dédaigneux, et d'un commerce difficile, s'il n'a beaucoup d'esprit.* M. Andrieux a beaucoup d'esprit et il a beaucoup de fantaisie dans l'esprit. Il a, non dédaigné, mais bousculé tous les précédents et jamais présidence d'âge ne fut plus joyeusement originale. Heureux les doyens qui ont conservé ou assez de sens ou assez d'esprit pour ne pas abuser des droits que leur confère une fonction passagère ! Il est difficile d'avoir quatre-vingts ans, *non licet omnibus*, mais il est plus difficile encore de garder la mesure, la note juste, le ton convenable au moment qui passe.

Après le discours, qui parfois s'achève en déroute, du président d'âge, on tire au sort *les bureaux* entre lesquels vont être répartis les dossiers des élections. Les bureaux — il y en a onze — sont pour les députés nouvellement élus la première occasion de se connaître et de se faire connaître. On est une soixantaine, enfermés dans une salle étroite, empuantie de l'odeur du tabac ; les noms s'échangent, et les poignées de main, et les dossiers. Au temps des invalidations, le dossier d'une élection contestée pouvait donner à un jeune député la chance d'un bon début. Ces chances sont, heureusement, plus rares. Il y a eu un progrès de l'esprit de justice sur l'esprit de parti, et la Chambre de 1919 a exercé avec une sage modération un droit qui peut si facilement devenir un abus.

Entre les bureaux, régis par le même règlement, il n'y a d'autre différence que celle du numéro, de 1 à 11, qui les distingue. Mais n'est-il pas arrivé à des députés trop habilement profiteurs de se faire un titre d'un numéro obtenu par hasard et de s'attribuer comme une préséance due à leur mérite leur présence dans le *premier* ou le *deuxième* bureau ? Le délicieux Emmanuel Arène avait le premier, je crois, risqué cette plaisanterie, que d'autres ont prise au sérieux, et il en est resté une sorte de peur superstitieuse : on n'aime pas à faire partie du *onzième* bureau !

On entre dans un bureau par le tirage au sort : la nomination dans une commission est, au contraire, une désignation qui se fait au choix. Les commissions sont le rouage le plus important de la machine parlementaire, du moins comme elle fonctionne en France, puisqu'ils n'en ont pas en Angleterre. Indispensables à l'organisation générale du travail collectif, les commissions sont pour les sénateurs ou les députés des centres d'instruction et des moyens d'influence. Il en est dont on se dispute les places avec âpreté. Le Sénat compte quatorze commissions permanentes, dont les plus importantes ont 36 membres ; la Chambre vingt-six, sur lesquelles vingt ont 44 membres. Autrefois, les bureaux nommaient les commissaires : les jeux du hasard créaient des injustices véritables, puisqu'il pouvait y avoir abondance de compétences dans un bureau et pénurie dans un autre, de telle sorte que des hommes éminents et expérimentés se voyaient écartés des commissions où entraient, sans autre titre que celui d'un sort heureux, des intrigants ou des médiocres. Au choix par les bureaux on a substitué la désignation par les groupes, représentés dans les commissions selon leur force numérique. C'est un progrès, qui assure assez justement la représentation proportionnelle et la répartition des compétences. Ce système a l'inconvénient, s'il est appliqué absolument, de sacrifier le mérite au nombre, sinon dans la composition des commissions, du moins dans leur présidence. Au Sénat — 314 membres — la Gauche démocratique, radicale et radicale socialiste compte 161 membres ; elle dispose ainsi de plus de la moitié des voix de l'Assemblée et elle pourrait, si la discipline était rigoureusement commandée ou scrupuleusement observée, s'assurer la présidence de toutes les commissions. *Summum jus, summa injuria.* Il n'en va pas toujours de la sorte : le scrutin secret rend aux consciences timorées une liberté devant laquelle elles hésiteraient dans un vote public, et ainsi l'équilibre se rétablit au profit d'une justice moins brutale que celle dont le nombre tout seul donnerait la peu équitable expression. A l'exception des deux groupes communiste et socialiste, la discipline des partis s'est d'ailleurs, il faut le dire en passant, beaucoup relâchée. Les abus que Challemel-Lacour dénonçait dans un livre trop peu connu, ses amères et admirables *Réflexions d'un Pessimiste*, sont loin d'avoir la vigueur qu'il dénonçait. « Ce que vous devez dire, aimer, détester, haïr, faire, est réglé pour jamais.

Nul article de foi n'est omis : les *Exercices spirituels* d'Ignace de Loyola ne sont pas plus complets. Avez-vous le pied dans un parti, tenez-vous pour guéri de vos doutes et de vos scrupules ; il ne vous reste plus rien à chercher. On vous débarrasse obligeamment de votre esprit, on le prend en pension, on le met au régime, et on ne vous le rend que déshabitué de tous écarts. » Aujourd'hui, cette réflexion n'est plus vraie. Ni les 161 membres de la *Gauche démocratique* du Sénat, ni les 170 membres de *l'Entente républicaine démocratique* de la Chambre ne consentiraient à subir une telle servitude. M. Bienvenu-Martin, qui préside l'une, et M. François Arago, qui préside l'autre, ne sont pas hommes à abuser des *Exercices spirituels*. Ils sont plutôt enclins à éviter des scissions qu'à promulguer des dogmes ou à prononcer des excommunications.

D'ailleurs les groupes sont assez nombreux pour que tous les goûts puissent s'y satisfaire : quatre au Sénat et neuf à la Chambre. Le choix est largement ouvert. Au Sénat, il y a un *Groupe de la Droite*, qui s'appelle à la Chambre le *Groupe des Indépendants*. Mais on ne voit nulle part apparaître l'étiquette royaliste, pas même sous les noms de M. Léon Daudet, de M. de Magallon, de M. Vallat, de M. de Baudry d'Asson, de M. Dominique Delahaye ou de M. de Lamarzelle. La politique a des exigences de tactique que les irréductibles eux-mêmes, souvent si sévères aux autres, doivent subir, et le *Politique* le plus intransigeant n'est jamais tout d'une pièce. Il y a d'inévitables accommodements. L'intransigeance ressemble vite à une bouderie, et qui boude se condamne à l'impuissance. On peut médire des groupes : on ne peut pas s'en passer. Mais quels bariolages ! Qui prendrait un à un les noms dont se composent les treize groupes du Parlement éprouverait plus d'une surprise : il verrait que Pierre, dont il sait les tendances modérées, siège dans un groupe avancé, mais il constaterait, par contre, que Paul, ancien extrémiste, après avoir déteint le rouge de son drapeau, s'est inscrit dans un groupe incolore dont l'étiquette vague permet toutes les évolutions et se prête au jeu de toutes les circonstances. Son étonnement ne serait sans doute pas moindre s'il cherchait la qualification que s'est donnée tel ancien ministre : il ne trouverait son nom sous aucune rubrique, pas même dans la *Réunion des membres qui n'appartiennent à aucun groupe* (c'est la désignation officielle) et qui, à la Chambre, sont 22. Il est vrai que, sous la précédente législature, celle de la guerre, *Namnetus* connut le même sort, ce qui ne l'empêcha ni d'être ministre ni d'être président du Conseil. Mais le cas de *Namnetus* est unique, et celui qui voudrait l'imiter risquerait fort de lui emprunter ses défauts — car il a l'habileté d'en avoir — et de ne pas trouver le secret de ses qualités et de ses ressources. Personne n'est supérieur à *Namnetus* quand il parle, mais il possède au même degré le don de se taire. *Quel besoin a Trophime d'être cardinal ? Namnetus* n'a pas besoin d'être d'un groupe ou d'une commission pour être ministre. Mais *Trophime* et *Namnetus* sont des exceptions.

Le public ne juge le *Politique* que par les dehors, sur l'éclat d'un discours ou sur la clameur d'un scandale, mais il ignore l'obscur travail où se dépensent dans les commissions des compétences éprouvées et des dévouements que rien ne lasse. L'élaboration d'une loi, sauf les cas d'urgence et d'improvisation nécessaire, comporte de longs efforts, des études, des essais et des retouches, la recherche des précédents, la comparaison avec les législations étrangères et le calcul des conséquences. Ne croyez pas que les *projets* de loi, qui émanent de l'initiative du Gouvernement, aient toujours été mis au point, coordonnés avec méthode et rédigés avec clarté, par les administrations ministérielles. Ils sont, trop souvent, et tout au contraire, construits à la hâte et valent tout juste comme un plan ou comme une ébauche, qui exigeront des développements et des corrections. L'Europe finira par ne plus nous envier nos administrations. Elles continuent à être honnêtes et leur probité est irréprochable. Mais elles se dépeuplent. Sollicités par l'appât des gros traitements que leur offrent la finance ou l'industrie privées, les grands serviteurs de l'État se retirent peu à peu d'un patron qui leur donne de trop maigres salaires, et les Directions, fières jadis de noms illustres, sont confiées à de braves gens trop souvent inférieurs à leurs fonctions. Les lois s'en ressentent, et les commissions parlementaires voient s'augmenter les difficultés, et ce que je regrette de ne plus pouvoir appeler les « arduités » de leur tâche.

Prenez pour exemple l'irritante question des loyers, qui aurait pu être un brandon de guerre civile. Aucune n'exigeait plus de prévoyance, de résolution et de continuité. C'était une loi économique, mais aussi et surtout une loi politique, grosse des plus dangereuses conséquences ; donc, au premier chef, une affaire de gouvernement. Je ne dis pas que les gouvernements s'en soient désintéressés, mais ils n'ont pas eu le sens ou le courage de leurs responsabilités et, au lieu d'envisager le problème de très haut sous son double aspect juridique et social, ils l'ont abandonné aux contradictions, aux surprises et aux surenchères des séances. Sans la prudence des commissions et sans l'activité de leurs rapporteurs, la loi, qui n'est pas bonne, eût risqué d'être désastreuse. S'il est vrai que, gouverner, c'est prévoir, la crise des loyers est celle qui a fait le moins d'honneur à la prévoyance des gouvernements. J'en pourrais dire autant d'autres questions non moins importantes, mais je n'écris pas un réquisitoire et je cherche seulement à dégager les traits essentiels de ce personnage multiple et complexe qui s'appelait au XVIIe siècle le *Politique* et que nous appelons aujourd'hui l'homme politique.

Je le prends où je le trouve, sous ses aspects si différents, et dans les manifestations diverses de son action. A la tribune, il est à l'honneur, un honneur périlleux ; dans les commissions, il est à la peine, une peine souvent ingrate, dont on ne lui fait pas assez honneur. Il travaille, il interroge, il compulse, il compte, il épluche, il corrige, il rédige. Tels rapports sont de véritables traités où les questions sont examinées à fond ; rien n'y est laissé dans l'ombre, et ce sont des livres tout faits, dont s'emparent, en passant, des auteurs peu scrupuleux qui se gardent d'indiquer leurs sources. On pourrait établir avec ces documents du Parlement français une bibliothèque qui n'aurait pas, pour les questions de l'ordre politique, de rivale au monde. Les rapports sur les budgets sont à eux seuls une encyclopédie. Il arrive que tous ces efforts silencieux de commissions laborieuses sont mieux appréciés, au dehors, où on les consulte, que chez nous, où on les ignore. En France, la parole est trop souvent prise, et par ceux qui parlent, et par ceux qui écoutent, pour la forme supérieure de l'action. Allons donc où l'on parle.

CHAPITRE II

LA TRIBUNE

Il y a de certaines choses dont la médiocrité est insupportable :... le discours public.

C'est une grande misère de n'avoir pas assez d'esprit pour bien parler, ni assez de jugement pour se taire.

L'on se repent rarement de parler peu, très souvent de parler trop.

(La Bruyère.)

L'autel de la parole. ▮ Les procédés : la récitation, Camille Pelletan ; la lecture, Mosanus ; l'improvisation, Namnetus, Leronensius. ▮ Six préceptes : Atrebatius. ▮ Une scène des Vignes du Seigneur. ▮ La Tribune, le Barreau et le Journalisme : Ugernus, Tutelus, Cadurcorus, Remus. ▮ Les Affaires : Nervius. ▮ La Tribune et la langue française.

« LA tribune française ! Il faudrait un livre pour dire ce que contient ce mot. » Victor Hugo, qui a écrit cette phrase, aurait pu écrire ce livre, dont il a simplement esquissé, sous le titre de *Parlementarisme*, d'admirables chapitres dans *Napoléon le Petit*. Depuis cent trente-quatre ans, l'histoire de France se confond pour une grande partie avec l'histoire de la tribune française. Et quelle histoire ! quels noms ! quels mots ! quels accents, quels discours ! On n'est pas digne de gravir cet escalier et de frapper ce marbre de la main si l'on n'évoque pas en soi, avec une crainte pieuse èt presque religieuse, la gravité, souvent tragique, de ces grands souvenirs. La tribune est l'autel de la parole : elle veut, comme les autels de la prière, du recueillement et du respect. Je plains ceux qui n'y apportent pas chaque fois, même quand les timidités premières sont vaincues, la même émotion profonde. On n'est un orateur qu'au prix de cette émotion. Il faut avoir peur de la tribune pour être égal à la tribune. Gambetta et de Mun, Waldeck-Rousseau et Deschanel, Ribot et Jaurès, pour ne parler que des grandes voix éteintes, ont connu cette peur, ce frisson intime, cette angoisse physique et morale dont tout l'être est secoué avant l'action. Car un discours, prononcé à la tribune, doit être un acte. Quand le discours et l'acte sont commencés, l'émotion a déjà pris une autre forme : la partie est engagée, il faut la gagner ; on s'est jeté à l'eau, il faut nager et aller vers la rive. Ceux-ci l'abordent sous les applaudissements, ceux-là sous les sarcasmes. Mais le succès d'un acte n'en juge pas la valeur. L'idée, vaincue aujourd'hui, sera peut-être triomphante demain, et peut-être demain les événements feront-ils payer cher à un orateur acclamé hier son triomphe passager. Tous les hommes sont faillibles : ce qu'il faut, c'est être sincère, ne pas mentir aux autres et ne pas se mentir à soi-même.

La tribune doit être à la fois l'épreuve de la conscience et celle du talent. Elle est redoutable. Je me souviens d'un mot terrible de Charles Floquet, qui fut un des meilleurs présidents que la Chambre ait connus. Il avait au fauteuil un esprit, un à-propos, une finesse et souvent une ironie, qui n'étaient pas, *au-dessous*, ses qualités habituelles : quand il présidait, il s'élevait dans tous les sens du mot, et il était à sa vraie place. Vieux parlementaire, il avait le respect de la tribune. Un jour qu'un député trop impatient s'y précipitait avant son tour de parole, il lui dit, et de quel ton ! « Pardon, monsieur : on n'entre pas ici comme dans un moulin. »

Malheureusement, ils sont trop qui y entrent comme au moulin, sans timidité, sans crainte, irréfléchis et sûrs d'eux-mêmes ! Ceux qui n'ont aucune forme de talent se coulent vite ; mais ceux dont l'émotion n'aide jamais le talent sont moins des orateurs que des bavards ; ils n'agissent pas.

Je n'ai jamais vu un début complètement heureux qui n'ait été un début partiellement timide. La fortune, à la tribune, ne sourit aux audacieux que s'ils paraissent la redouter au moment même où ils la sollicitent. Ceux-là le sentent bien qui ont connu et couru ailleurs ses épreuves. Ils savent, pour l'avoir jouée au dehors, les difficultés de la partie qu'ils risquent devant un auditoire nouveau dont la curiosité est assez souvent la seule forme de la bienveillance. Ils s'essaient dans un début modeste, qui leur permet de sentir l'atmosphère, de poser leur voix, de mesurer leur élan, de discipliner leur force. Ainsi fit, sous le ministère Waldeck-Rousseau, M. Aristide Briand, qui avait établi sa réputation d'orateur par des succès retentissants dans les réunions publiques et dans les congrès socialistes. J'ai encore dans les oreilles le charme prenant de sa voix, dont il se garda bien de déployer la gamme si riche en sonorités, et mes yeux ont conservé le souvenir de sa tenue discrète et timide où il y avait comme l'expression d'une excuse pour un début aussi immédiat, quoiqu'il lui fût imposé par un devoir de son mandat. Qui ne sait le large vol pris depuis par ces ailes apeurées ?

Ceux qui pour un coup d'essai veulent un coup de maître se cassent le plus fréquemment les reins, ou du moins, ce « coup de maître » n'a pas toujours un lendemain. Est-ce à dire que la jalousie guette la défaite et s'en réjouisse ? Les *Politiques*, pris en eux-mêmes, ne sont ni meilleurs ni pires que les autres hommes : ils sont de l'humanité moyenne, mais, réunis, ils ont les qualités et les défauts des foules, dont ils imitent l'entraînement, les enthousiasmes souvent irréfléchis et les déceptions souvent irraisonnées. Il est rare qu'ils avouent à titre individuel un mauvais sentiment. Je ne dis pas qu'ils soient incapables d'en éprouver, mais ils ont la prudence de ne pas en convenir. Pourtant je me souviens qu'un soir, vers la fin d'une séance tumultueuse, pendant la guerre, le tour de parole venait à un nouveau, qui en avait long à dire. On n'était pas d'accord pour le renvoi au lendemain, plutôt favorable à ce débutant, et mon voisin, un vieillard, me dit avec une tranquillité féroce : « Continuons : il faut couler

le jeune. » Le jeune ne se coula pas : au contraire !
mais le vieux ne prit pas son parti d'un succès qu'il
avait si peu désiré. Au fond, les *vieux* ne sont pas
méchants, mais il arrive aux *jeunes* d'être trop pressés
et de marquer des impatiences ou des ambitions qui ne
sont pas toujours justifiées par leurs mérites. Qui sait
attendre trouve vite l'occasion d'un début, et la discussion d'un rapport est souvent une occasion très
favorable : personne ne s'étonne qu'un rapporteur
soutienne les conclusions dont une commission l'a
chargé. D'ailleurs, il n'y a pas de règle absolue : à la
tribune comme ailleurs l'instinct, le flair et la chance
conservent tous leurs droits.

La meilleure règle, c'est d'être court. Il y a évidemment des sujets qui comportent de longs développements, mais il en est peu auxquels la brièveté ne soit
pas secourable. C'est à des interventions rapides,
emportées, tranchantes, que M. Clemenceau a dû ses
plus grands succès, et M. Ribot, comme orateur, n'avait
de long que sa taille.

Faut-il lire, réciter ou improviser ? Chacun est le
maître de ses procédés, mais la récitation continue, à
moins d'être très dissimulée, déçoit et lasse l'auditoire ; elle est de moins en moins d'usage. Camille
Pelletan excellait dans la récitation et l'improvisation
alternées. Il avait du trait et du désordre ; son plan
était solidement établi, mais il suffisait d'une interruption pour l'en faire sortir et pour le jeter dans des
fantaisies décousues, où il mettait d'ailleurs la verve

la plus savoureuse. Il avait des tirades toutes prêtes et des couplets à effet. Quand il relevait son pantalon, tombé au-dessous de la ceinture, quand il se penchait vers le marbre ou qu'il s'adossait à la tribune, quand son œil se faisait plus vif, sa voix plus chaude et son geste plus large — si large, parfois, que le verre d'eau en était projeté sur la tête des sténographes — on pouvait être sûr qu'il allait « détacher » un morceau de choix et de maître. Il y allait franc jeu, sans tromper personne. D'autres sont plus habiles, mais si on voit la ficelle, on aime moins leur habileté que la gaillarde franchise de Pelletan.

Il y a dans la récitation non avouée une tromperie. Les Chambres ne veulent pas être trompées. Un orateur qui lit ne les trompe pas : la lecture se déguise moins aisément que la récitation, puisque les yeux vont dans un mouvement à peu près continu du papier à l'auditoire. Mais il y a la manière, ou plutôt les manières ! D'abord, la lecture franche, avouée, inévitable : celle d'une déclaration, d'un rapport ou d'un document. Une telle lecture n'a rien de commun avec les dons de l'orateur : elle relève de ceux du diseur. On peut bien lire, bien dire et mal parler. Mon affaire ici est celle d'un discours écrit et lu. Il y a ceux qui ne cherchent pas à créer d'illusion et qui, les yeux sur leur papier, les en détachent rarement pour regarder la salle. S'ils ont une mauvaise voix ou une articulation incorrecte, on a vite fait de ne pas les écouter. S'ils savent lire, il ne faut pas qu'ils soient longs. Dès que l'Assemblée commence à supputer le nombre des feuilles qui restent, l'attention se relâche : quand le paquet est trop gros, elle est perdue. A la tribune, il n'y a pas d'art plus difficile que celui de bien dire en lisant et de donner à cette lecture l'allure, le mouvement et l'action d'un discours.

Mosanus excelle dans cet art, où il est passé maître. Mais *Mosanus* est un grand orateur, et l'orateur qui a inspiré et rédigé le discours en accompagne la lecture : il la surveille, il la complète, il la corrige, il la vivifie. La facilité de *Mosanus* est en tout extraordinaire. Il n'y a pas d'esprit plus clair, plus ordonné et plus méthodique. Il voit, d'un coup d'œil aussi rapide que sûr, l'ensemble d'une question et ses détails ; les arbres lui révèlent la forêt. Quand son plan est établi dans toutes ses parties et que chaque idée ou chaque développement y a pris sa place logique, il écrit presque sans ratures, d'une écriture menue, élégante et volontaire, un discours qu'il aurait improvisé avec la même aisance. La mémoire de *Mosanus* tient du miracle, et, comme il l'exerce toujours, l'âge n'en a pas affaibli les prodigieuses facultés. La mémoire est un don secondaire ; mais, pour qui en est privé, les dons supérieurs de l'orateur ne développent pas toute leur mesure. On peut dire d'elle ce que l'un des frères Deschamps disait de la forme : elle n'est rien, mais rien n'est sans elle. *Mosanus* n'a pas besoin d'apprendre ce qu'il écrit : à mesure qu'il l'écrit, il le sait, et il peut, le discours durât-il une heure, le répéter sans défaillance. Pendant la guerre il a, n'ayant pas une note sous les yeux, tenu d'invraisemblables gageures. Sa vue, d'autre part, lui permet de lire de haut et de loin. Ainsi physiquement doué, il est le maître des notes dont il se sert. Mais pourquoi, si sûr de sa parole, écrit-il, de l'exorde à la péroraison, la plupart de ses grands discours? La coquetterie littéraire, dont *Mosanus* est trop cultivé pour n'avoir pas le légitime souci, ne suffit pas à expliquer sa méthode : elle ne s'explique pas non plus tout à fait par la tranquillité plus grande qu'il en retire ; elle est, plutôt, l'expression de sa probité envers son sujet et envers son auditoire. *Mosanus* ne parle jamais pour ne rien dire et, quand il parle, il accomplit un acte, dicté par la préoccupation et souvent par l'angoisse de l'intérêt public. Il ne veut rien abandonner au hasard, et sa sagesse se refuse à courir les risques de l'imprévu. *Entre toutes les différentes expressions qui peuvent rendre une seule de nos pensées, il n'y en a qu'une qui soit la bonne.* Les discours de *Mosanus* se caractérisent toujours par la bonne expression, qui est *la plus simple et la plus naturelle.* Ils ont la mesure, la clarté, l'élégance d'une œuvre parfaite. Les formules y abondent plus que les images : ils ont plus de géométrie que de poésie. Pourtant *Mosanus*, qui veut surtout convaincre, n'est pas incapable de plaire. Son esprit a de la grâce, mais il est surtout armé d'ironie. *Mosanus* n'est pas le prisonnier du discours dont il tourne les feuillets avec une incomparable adresse. Quand on l'interrompt, la repartie jaillit, vive, acérée, souvent cruelle. Il a de la dignité et de la fierté, auxquelles il ne faut pas qu'on touche. Mais il ne faut pas surtout qu'on touche à la France. *Mosanus* trouve pour la défendre de magnifiques accents. Il n'est ni de ceux auxquels on se frotte ni de ceux qui se familiarisent vite. La grâce d'être du Midi n'est pas accordée à tous, et les roses de *Mosanus* se sont chauffées au soleil de l'Est. Comme celles de Jules Ferry, « elles poussent en dedans ». Mais il n'en faut pas juger d'après les égratignures de leurs épines. Le cœur de *Mosanus* n'est pas une place publique, ouverte à tous, profanée et vulgaire : il est un sanctuaire, où l'amitié est assurée, aux heures douloureuses de la vie, de trouver un refuge. Aussi tout n'est-il pas claire démonstration ou fine ironie dans les discours de *Mosanus* : ceux-là les entendent mal qui n'y trouvent pas de l'émotion.

Mosanus improvise à l'occasion, mais qui donc improvise toujours ? Comme l'a dit Berryer, « le secret des improvisateurs, c'est qu'ils n'improvisent pas du tout ». Je sais que la formule est paradoxale, mais il n'en est pas de plus profondément vraie si l'on veut bien préciser la portée de la définition. L'improvisation, comme le public l'entend, c'est-à-dire la parole jaillissant tout de suite sur une question à laquelle on ne s'attendait pas, ou pis, que l'on ignore, ne serait qu'une jonglerie. Il y a de ces jongleurs, mais ils sont à un orateur ce qu'Inaudi est à un mathématicien. Un orateur, pris au dépourvu et comme à la gorge, improvise les mots, et les mouvements, et l'ordre d'un discours ; son plan se fixe et se développe en lui en même temps qu'il parle. Mais ses idées avaient précédé sa parole. Celui qui parle pour ne rien dire peut ne rien dire en parlant. Il escamote le sujet, il ne le traite pas. Pour traiter un sujet, il faut le connaître, ou du moins en avoir une notion et s'en être fait une opinion. On improvise seulement dans cette mesure que l'on n'est pas le prisonnier de phrases toutes faites, mais on a réfléchi, on a lu, on a interrogé, on a causé avec ses amis, on a préparé et, si je peux dire, on a *répété* son discours, même sans avoir l'intention ou la certitude de prononcer un discours. A plus forte raison, quand on est sûr de devoir parler.

Jules Favre était le seul témoin de ses « répétitions » : il écrivait un brouillon ou même plusieurs, sous l'inspiration de sa parole ; il s'entendait, il se jugeait, il se corrigeait, puis il oubliait ce qu'il avait écrit, ou plutôt il montait à la tribune avec la volonté de l'oublier et de s'en remettre à la fortune du moment. Le discours qu'il prononçait n'était pas, dans sa forme exacte, ni dans ses proportions, ni dans ses mouvements, le discours qu'il avait rédigé, mais celui-ci n'en était pas moins la base et la substance de celui-là.

Gambetta n'écrivait pas. Il *causait* son discours avec ses amis, il le reprenait, il le répétait, il l'essayait, il jugeait de son effet ; puis, à la tribune, il était d'autant plus sûr de ne pas se laisser entraîner par sa fougue, qu'il l'avait, à l'avance, disciplinée et que, maîtresse et servante, elle lui inspirait seulement ses terribles reparties ou ses magnifiques répliques.

Et croyez-vous donc que *Namnetus* improvise ? Il monte à la tribune d'un pas lent ; il ne dépose sur le marbre aucune note ; il commence d'une voix sourde ; il tâte son auditoire comme un pianiste prélude ou plutôt comme un nageur prend la température de l'eau ; puis il affermit son ton, il l'élève ; il se sert de toutes les richesses d'un organe incomparable, qui va de la gouaillerie à la tendresse, de l'ironie au lyrisme, de l'abattement à l'indignation, de la douceur à la menace, de la résignation à la révolte, de la conversation au fracas, de la familiarité à l'éclat, de la Comédie-Française à l'Ambigu. *Namnetus* parle avec ses yeux et avec ses mains comme avec cette voix unique. Ses yeux ont toutes les nuances comme sa voix a tous les tons. Il les colore de tous les sentiments qui l'animent. Il y passe de l'émotion, de l'étonnement, de la colère, de la stupeur, du mépris, de l'indulgence, de la bonté, de la rancune, du pardon, des flammes ardentes et des feux apaisés : quand il les « couche », ils sont irrésistibles. *Namnetus* a des mains ravissantes, fines comme celles d'un aristocrate, onctueuses comme celles d'un évêque, et il s'en sert à ravir ; il les avance et il les ramène ; il les lève et il les abaisse ; il les prend l'une dans l'autre, mais il sait aussi tirer parti de l'une tandis que l'autre est au repos. *Namnetus* est un grand artiste. Vous demandez si *Namnetus* improvise ? Il guette son auditoire ; il le flaire ; il l'écoute ; il le devine. Il sent ce qui peut le flatter ou le heurter, l'exalter ou l'irriter, déchaîner ses applaudissements ou ses protestations. Il va à son but, mais il voit les obstacles ; s'il faut les briser, il s'y efforce, mais, de préférence, il les côtoie. Sa parole a une souplesse infinie. Il l'étend ou il la resserre à sa guise ; il en est le maître, et il lui asservit les assemblées, qui en subissent l'irrésistible séduction. Mais je n'ai pas encore dit que *Namnetus* improvise. Il a réfléchi, il a causé, il a tâté ; il est de l'école de Gambetta. Et soit, il improvise : mais il est aussi de l'école de Barnave, à propos duquel Mirabeau disait : « Je vois bien que pour improviser sur une question, il faut commencer par la bien savoir. » Il y a bien des choses que *Namnetus* a bien vues, bien prévues, bien sues... et bien dites.

Leronensius improvise... à la façon de ceux qui préparent leurs improvisations. Il ne lit pas : s'il en avait le goût, ses yeux le lui interdiraient. Il a de la mémoire, mais il ne récite pas : il aime trop l'action, la bataille, le jeu des répliques, pour s'immobiliser dans un texte. Un orateur rend, pour partie, à un auditoire ce qu'il en reçoit. C'est un avantage, mais il y a un risque. *Leronensius* a pu subir des entraînements et connaître le mécontentement de l'assemblée qui l'avait entraîné et applaudi. Pourtant, l'avenir a démontré que l'assemblée et l'orateur avaient raison. *Leronensius*, qui ne lit pas et qui ne récite pas, « marche » ses discours : cette forme de préparation est hygiénique à la fois pour l'esprit et pour le corps, mais, à moins d'être libre dans un parc solitaire, elle oblige, pour éviter les importuns, à changer souvent de trottoir. Il est arrivé à *Leronensius* d'être contraint, par l'ordre impératif de *Tigris*, son président du Conseil, de monter brusquement à la tribune, d'avoir eu à peine deux minutes pour s'y préparer et, ayant fini, de connaître les honneurs de l'affichage. A vrai dire, *Leronensius*, occupé depuis plusieurs jours à régler les incidents qui faisaient l'objet du débat, était plein de son sujet. Confirmation de la règle générale : on n'improvise bien que ce que l'on sait bien. La difficulté, dans ce cas, est de n'en pas trop dire, de négliger les détails inutiles, d'aller vite et droit au but, de parer les coups dangereux et de porter des coups efficaces, en un mot de recueillir les bénéfices de l'improvisation sans en courir les risques : c'est toujours un danger pour un orateur de n'avoir pas eu le temps de faire court.

Qu'on lise, qu'on récite, qu'on improvise, et même si l'on associe les trois procédés, — ce qui arrive, — il faut, n'eût-on que deux minutes devant soi, régler l'ordre de ses idées, faire un plan, tantôt plus bref et tantôt plus long, voir son commencement, ses développements, sa fin. Il est essentiel de ne pas se tromper sur son entrée en matière : on peut, par une maladresse du début, perdre toute la partie. Ce que Petit-Jean savait le mieux, c'était son commencement, mais son commencement était mauvais et semé

> ... de mots longs d'une toise,
> De grands mots qui tiendraient d'ici jusqu'à Pontoise.

Son aventure n'avait pas guéri ce brave D.-B. qui connaissait mieux les peintres que les poètes. Interpellé sur la disparition de *la Joconde*, il avait écrit un discours dont il voulut à toute force donner lecture à son président du Conseil. La précaution ne fut pas inutile. La réponse à l'interpellation commençait textuellement ainsi : « Messieurs, de tous les tableaux du Louvre, *la Joconde* était certainement le mieux gardé... » « Mon pauvre ami, dit le président du Conseil en étouffant une violente envie de rire, je ne veux pas en savoir davantage : devant la Chambre, vous ne pourriez pas prononcer votre seconde phrase et je n'ai pas besoin de la connaître. Refaites votre début. » D.-B. fut un peu étonné, car peut-être avait-il dit une vérité, mais toutes les vérités ne sont pas toujours bonnes à dire, ou du moins il y a la manière. Heureusement, *la Joconde* fut retrouvée, mais je crois bien que, malgré les soins dont l'entouraient les conservateurs

> Et la garde qui veille aux barrières du Louvre,

sa fugue fut la cause principale de la fin ministérielle de l'excellent D.-B.

S'il est essentiel de bien commencer, il n'est pas moins important de bien finir. La Chambre ne méprise pas les péroraisons préparées, auxquelles le Sénat est moins sensible. Qui dit péroraison ne dit pas forcément d'ailleurs un couplet lyrique. Il peut suffire d'un trait ou d'un mot pour enlever une Assemblée: *Tigris* était passé maître dans ce genre. Il était inégal, mais il rachetait souvent un mauvais discours par le bon mot de la fin. *Mosanus* a la péroraison tantôt ample et tantôt sobre, selon les convenances, justement appréciées, du sujet. *Namnetus* ne se soucie pas d'ordinaire de préparer sa fin ; il l'attend de la séance, des incidents, de l'inspiration du moment ; aussi ne la trouve-t-il pas toujours, et il lui arrive de finir plusieurs fois avant de finir tout à fait, mais il est exceptionnel qu'il finisse mal. *Gallus Maximus*, puissant et sobre, parlait comme il plaidait, sans la coquetterie d'un succès de parole, auquel il préférait le succès du vote : il était rare d'ailleurs qu'il n'obtînt pas les deux. *Africanus* soigne ses péroraisons, enflammées, ardentes, lyriques, qui ont souvent conduit ses admirables discours jusqu'à des affichages dont il détient le record.

Ainsi il n'y a pas de règle générale : chacun obéit à son tempérament. Mais il y a un « truc » dont les meilleurs usent. Quand on sent de la lassitude dans l'Assemblée, plus de mollesse dans les applaudissements et comme une sorte d'inattention qui commence, il ne faut pas brusquer le dénouement si l'on a encore quelque chose à dire, mais il n'est pas interdit de l'annoncer, soit en élevant la voix, soit en ramassant ses papiers d'un geste qui promet une fin prochaine. Ainsi on gagne un nouveau crédit ; mais, maladroit qui en abuse ! Ni le Sénat ni la Chambre n'acceptent que leur complaisance courtoise devienne une duperie prolongée, et l'orateur achève en déroute un discours dont un peu d'adresse aurait pu faire au moins un succès d'estime.

Je réunis ici quelques *préceptes* :

a. Ne pas abuser des citations et ne pas s'en excuser ;

b. Ne pas affirmer trop fréquemment sa loyauté ;

c. Ne pas dire qu'on ne veut pas être ministre ;

d. N'interrompre que nécessairement, discrètement et prudemment ;

e. N'entendre les interruptions et n'y répondre que dans la mesure où l'on peut en tirer parti ;

f. Ne jamais forcer sa voix pour forcer le silence: attendre.

a. Les citations ne sont utiles que si elles sont nécessaires. C'est une vérité d'évidence et d'expérience que les Chambres ne les aiment pas, ou du moins qu'elles s'en lassent vite. Pourquoi ? Elles rompent le mouvement du discours, dont elles détournent l'attention. L'Assemblée écoute celui qui parle et qui s'engage devant elle : elle prête un moindre intérêt à des autorités extérieures. Il est rare qu'un bon orateur soit un bon *diseur* : pour un *Mosanus* ou un *Orthesius* qui mettent les mots en valeur et dégagent d'une citation toute sa « substantificque mouelle », combien d'autres, parmi les meilleurs, s'embarrassent dans une lecture, ou lisent trop vite, ou masquent mal leur ennui de se gêner ainsi dans l'action de la tribune qui répond mieux à leur tempérament !

Pourtant il y a des citations indispensables, des documents nécessaires pour éclairer le débat ou réfuter une objection. Si le texte est bref, tout va pour le mieux ; s'il est long, il faut essayer de ne pas le lire d'une traite ; il faut, par d'habiles coupures, se ménager des haltes et reposer l'attention de l'auditoire. Il y a peu de documents dont la lecture ne puisse pas s'accompagner de commentaires. Ces commentaires, bien espacés et bien dosés, maintiennent la vie du discours et l'unité de l'action.

Mais c'est une erreur de s'excuser de faire des lectures. Ou elles sont utiles, et leur intérêt apparaît : ou elles n'ont pas de portée, et ce n'est pas leur en donner que de s'excuser de les faire. Il en est des chiffres comme des citations. Donnez-en, s'ils servent le sujet : abstenez-vous-en, si votre thèse peut s'en passer. Mais ne sollicitez pas l'indulgence ! J'ai remarqué que ces excuses, surtout si on les répète, agacent l'auditoire. Un orateur est le maître de sa discussion ; il joue une partie : qu'il conduise l'une et l'autre à sa guise ! Évidemment les chiffres ennuient, surtout lus : mais il n'est pas donné à tout le monde de pouvoir, comme autrefois M. Amagat, discuter pendant deux heures le budget et jongler avec les millions — heureux budgets et temps bienheureux où l'on comptait par millions ! — sans avoir une note sous les yeux : c'est la plus admirable mémoire « chiffrante » que j'aie connue. Évidemment, les citations fatiguent : mais il en est d'amusantes, par exemple celles qui mettent quelqu'un en contradiction avec lui-même, et M. Mandel, qui sait tout et que rien ne démonte, serait le premier dans ce genre s'il n'en abusait pas.

Conclusion : rien de trop, ou, pour faire plaisir à M. Léon Bérard, *ne quid nimis.*

b. Il faut être loyal : en politique comme en tout, la suprême habileté est d'être honnête. Mais il y a du risque à trop fréquemment attester la loyauté de ses intentions. C'est donc qu'elles pourraient être autres ? Il n'y a nulle part plus de malice, et aussi plus de malices, que dans une assemblée parlementaire. Aucun public ne guette les mots avec un sens plus critique. Quand *Atrebatius*, si grand orateur, le plus complet peut-être depuis Thiers, prenait la parole, on attendait toujours avec une impatience amusée la première assurance qu'il donnerait de sa loyauté. Elle venait toujours, et l'on riait ; on riait d'autant plus qu'*Atrebatius* renouvelait et ponctuait avec plus d'énergie son affirmation. Mais cette taquinerie n'empêchait pas qu'on n'eût la plus grande admiration pour cette intelligence lumineuse, pour cette compétence universelle, pour cette clarté d'exposition, pour cette pénétration aiguë et profonde. *Atrebatius* avait des hésitations ou des contradictions dans l'action ; il était, au gouvernement, le moins homme de gouvernement qu'il fût possible. Mais quelle sagesse dans ses conseils, quelle clairvoyance dans ses critiques, quelle force dans ses avertissements ! Sa faiblesse était de proclamer inutilement sa loyauté. *Un honnête homme qui dit oui et non mérite d'être cru ; son caractère jure pour lui, donne créance à ses paroles et lui attire toute sorte de confiance.*

c. A quoi bon dire qu'on ne veut pas être ministre ? C'est le droit de tous et de chacun de le devenir. Il est dans les habitudes des présidents du Conseil de dénoncer les ambitions de ceux qui les attaquent et de leur prêter le désir de les remplacer. La diversion est si facile que l'on y cède presque toujours. Il est rare d'ailleurs que l'argument ne porte pas, mais les applaudissements ne sont pas des raisons. D'abord, il peut être vrai, et cela même est souvent très vrai, que l'on soit tout à fait désintéressé et que l'on obéisse dans les critiques que l'on formule au seul souci du bien public. Et puis, l'opposition n'est-elle pas dans les règles du jeu parlementaire ? C'est une faiblesse pour un gouvernement de n'avoir pas devant lui, ou plutôt contre lui, une forte opposition. Un contrôle est un stimulant. Qui n'est pas contredit s'abandonne et ne se contrôle plus lui-même. Or, que serait une opposition sans la volonté de renverser, pour le remplacer, le gouvernement qu'elle attaque ? En Angleterre, cela va de soi. En France, on y met une discrétion qui est très voisine de l'hypocrisie, et l'on s'affaiblit par ses réticences. Mieux vaut y aller carrément et jouer franchement sa partie. Quand M. Millerand voulut renverser M. Combes, il n'y mit pas tant de façons et il posa la question sans équivoque. Pourtant, je comprends, étant données nos mœurs parlementaires, qu'on ne dise pas : je veux être ministre. Mais il ne faut pas dire, quand on attaque un gouvernement : je ne veux pas être ministre. On n'est cru par personne, et qui sait ce qui peut arriver ?

d. Il ne faut interrompre qu'à bon escient. Une interruption peut être utile, et même nécessaire, pour rectifier tout de suite un fait ou un chiffre inexacts, pour abréger un malentendu, pour dissiper une équivoque. (Il n'est pas d'expression plus usuelle au Parlement que cette dernière, et il n'en est aucune qui manque aussi généralement son but.) Du banc du gouvernement à la tribune, les interruptions sont fréquentes : une interruption bien placée dispense souvent d'un discours. Mais, à l'égard d'un ministre ou d'un collègue, il faut être prudent, prévoir la réplique, se prémunir d'une réponse. Qui n'interrompt pas se donne le droit de ne pas être interrompu ou du moins d'en réclamer le bénéfice. Il faut avoir beaucoup d'esprit, et avoir l'esprit très sûr et très souple, pour provoquer et soutenir le jeu des interruptions : c'est une partie où il y a souvent de la casse, et dont on sort blessé quand on croyait y entrer victorieux. Il faut aussi pouvoir prononcer un discours. Mgr Freppel, qui avait de la verve, répondit un jour à un brave député du Midi, plus friand des propos interrompus que de la tribune : « Mon cher collègue, vos interruptions ajoutées les unes aux autres finiront par faire le discours que vous nous promettez depuis si longtemps et que nous attendons en vain. » Les rieurs furent du côté de l'évêque : il n'y a pas de pire tristesse au Parlement que de faire rire à ses dépens.

e. Il est évidemment plus facile de ne pas interrompre que de ne pas être interrompu, et il n'est pas toujours possible de ne pas répondre à une interruption. Il y a des paroles jetées avec un tel éclat, ou de tels éclats, qu'on ne peut pas feindre la surdité et continuer son chemin sans se soucier de l'importun qui vous assaille. On se tire d'affaire comme on peut. Mais il est plus commode de ne pas se laisser détourner de son sujet quand les interruptions sont collectives : il n'y a qu'à laisser passer l'orage, ou à dénoncer le piège trop visible d'une attaque à voix armées. Je me souviens d'une réunion des ministres où un sous-secrétaire d'État fut invité par le président du Conseil à faire connaître sa réponse à une interpellation délicate, qui mettait en jeu son administration et aussi la responsabilité collective du cabinet. L'exposé fut simple, clair et décisif. La bataille était gagnée si le sous-secrétaire d'État ne cédait pas à son habitude de répondre, mal d'ailleurs, à toutes les interruptions. Il promit de ne répondre à aucune. Mais les socialistes, qui connaissaient son point faible, le lardèrent de questions. Malgré les signes désespérés du président du Conseil, le brave homme se jeta dans le panneau. Il lâcha l'ordonnance de son discours pour se livrer à un dialogue avec ses assaillants, ravis du succès de leur manœuvre, et il tomba de la tribune plutôt qu'il n'en descendit. La partie ne fut pas rectifiée sans peine.

Il y a, heureusement, des interrupteurs maladroits que l'on paierait pour obtenir certaines interruptions. Est-il bien sûr qu'on n'en ait jamais payé... en faveurs s'entend ? Ils vous apportent une diversion, un couplet, une apostrophe, une réplique, une péroraison. Bénis soient-ils ! Quelle joie de leur répondre et quelle gratitude on leur voue ! Ce sont les bienfaiteurs de l'orateur dont l'esprit est prompt. Même s'ils ont parlé à voix basse, il faut les entendre, les faire entendre, les contraindre à être entendus : on n'abandonne pas des auxiliaires de cet ordre !

Il y a, au contraire, des interruptions que l'on ne doit pas entendre sous peine de déchaîner un débat inutile et dangereux. J'ai une trop bonne oreille ! Au cours d'une discussion sur l'amnistie, dont je soutenais le principe comme ministre de la Justice, je parlais d'une politique nécessaire d'*apaisement*. « D'*affaissement*, » répliqua de sa place le général de C.... Je poursuivis sans répondre. Bien m'en prit. Si j'avais relevé la réplique, c'était une grosse, une très grosse affaire qui s'engageait. Le général a la bonhomie redoutable et j'en aurais eu pour mon grade ! Je fis mieux de continuer mon petit bonhomme de chemin. D'ailleurs, les voisins eux-mêmes du général de C... n'avaient pas entendu ! A la tribune, une bonne oreille n'est pas toujours un bienfait des dieux : qu'elle vous livre les sarcasmes des adversaires, c'est le jeu ; mais quelle tristesse d'entendre chez des amis des sentiments dont l'amitié ne fait pas le fond le plus solide !

1. Si vous forcez votre voix pour obtenir le silence, vous n'aurez pas le silence et vous n'aurez plus votre voix. On ne domine pas un tumulte. Il faut attendre et montrer tranquillement la volonté résolue d'attendre. M. Clemenceau s'adossait à la tribune et laissait passer l'orage : ce n'est pas le seul bon exemple qu'il ait donné.

Je crois ces préceptes justes : il m'a fallu une longue expérience pour pouvoir les résumer, mais il s'en faut que je les aie toujours pratiqués et peut-être, si j'étais demain jeté à nouveau dans l'action, en violerais-je les lois essentielles. La tribune est un grand péril, parce qu'elle est une scène où l'on joue son rôle dans une salle où les spectateurs prennent leur part de la pièce. A la différence d'une pièce de théâtre, tout est imprévu dans celle-ci. On ne sait pas toujours comment elle s'ouvrira, puisque le gouvernement a le droit d'y intervenir à tout moment et de troubler par une déclaration initiale, qui peut même entraîner un relâche ou une clôture, l'ordre annoncé du spectacle. Mais on peut encore moins prévoir comment elle finira. Il y a une atmosphère dont aucun thermomètre ne peut fixer les pressions extrêmement variables. Il suffit d'un souffle pour tout changer. On arrive prêt et documenté, avec l'espoir d'un succès qui paraît certain : c'est la débâcle. On vient avec l'intention de ne rien dire et un brusque incident vous mêle au débat : c'est le triomphe. Ne pensez pas que le talent de l'orateur soit toujours la cause des applaudissements. Combien n'en applaudit-on pas contre quelqu'un ! Il y a des succès qui sont un hommage, mais d'autres sont une tactique, que l'orateur lui-même ignore, et dont il recueille les bénéfices, passagers d'ailleurs, avec la joie d'une gloire méritée. L'opposition soutient ceux qui parlent en son nom, mais la majorité est moins attentive aux efforts de ceux qui interviennent pour elle. Quand cette phrase : « Il n'est pas bon aujourd'hui » se propage de banc en banc, le sort de l'orateur, même célèbre, qui est à la tribune, est fixé et il peut, de là-haut, presque abandonné à lui-même, en mesurer la contrariété aux regards déjà fuyants de ses amis, dont les mains ont cessé de battre. Il se demande combien, à la fin, lui resteront fidèles et il songe avec une tristesse inquiète aux aveux, assez généralement sincères, de l'*Officiel.* C'est une injustice que les oppositions bien disciplinées pratiquent peu. On n'a pas besoin d'être soutenu quand on est bon ; il faut l'être quand on est mauvais, et que peut-être d'ailleurs les applaudissements nourris vous rendront votre force, votre élan ou votre verve. Mais l'Assemblée est un public, dont elle a les passions, les retours, la mobilité frémissante, les contagions et l'instabilité. Ses mouvements sont, le plus souvent, spontanés ; mais il lui arrive aussi d'être dupe d'une manœuvre. Je me rappelle une séance où un ministre était interpellé pour un acte dont la maladresse pouvait lui coûter son portefeuille. On prédisait sa chute. Mais l'interpellateur était mal choisi, s'étant peut-être d'ailleurs désigné lui-même. Les amis du ministre — on a toujours des amis dans cette situation — furent plus habiles. Ils ne songèrent pas à discuter le fond du débat, qui les eût entraînés à la ruine, mais ils eurent l'idée de créer une diversion. Ils invitèrent à déjeuner un député que le bon vin ne laissait pas indifférent, et ils lui firent une leçon que le brave homme répéta avec obstination en gênant par des interruptions désobligeantes l'interpellateur qui se troubla et manqua son attaque. Un ordre du jour pur et simple — car la confiance aurait été repoussée — fut brusquement voté dans le désarroi de la séance et sauva le ministre qui, je le crois, était étranger à la préparation originale de son sauvetage. Les anciens sentaient bien qu'il y avait « quelque chose », mais leur flair n'alla pas jusqu'à découvrir la vérité — *in vino veritas* — que j'appris seulement plus tard de l'un des metteurs en scène, prologue imprévu des *Vignes du Seigneur !*

Ces tumultes, spontanés ou concertés, cette fièvre, ces agitations, ces surprises, ces incidents, expliquent qu'habitués aux conditions de la barre, où les dossiers ont été échangés... avant les coups, des avocats célèbres aient échoué à la tribune. A la barre, il y a une discussion, un dialogue ordonné, des conclusions connues qui fixent le débat : à la tribune, il y a une bataille. On peut avoir été un grand avocat, voire un grand bâtonnier, et ne pas prendre le ton du Parlement. Des noms me tentent : à quoi bon ? J'aime mieux citer, parmi les vivants, avec Millerand et Poincaré, Viviani et de Monzie, Paul-Boncour et Forgeot, les gloires bicéphales qui ont réussi *in utroque jure*. Mais comment oublier ce début solennel d'un avocat illustre : « Messieurs, M. le Président m'a fait l'honneur de me donner la parole », et le trémolo austère d'Henri Brisson répliquant au milieu d'un rire général : « Mon cher collègue, je vous ai donné la parole parce que vous me l'avez demandée.... »

Parmi ces 314 sénateurs et ces 626 députés, — un Parlement de 940 membres, — que les scrutins de 1919 ont envoyés dans les deux Assemblées, il y a eu, pour parler franc, plus de déceptions au point de vue de la tribune que de révélations. Sortie des tranchées, animée d'un patriotisme ardent, éprise du bien public, la Chambre de 1919 manquait d'expérience et elle s'est difficilement imposé une méthode. Les hommes de valeur y abondent, qui ont surtout donné leur effort dans les commissions sans briller à la tribune d'un éclat exceptionnel. Ils y ont apporté un langage d'hommes d'affaires, qui a bien servi les affaires, et d'aucuns même ont mérité leur « jour de gloire », mais ce jour n'a pas connu de lendemain. Des réputations, solides ou tapageuses, qu'avaient établies les réunions publiques, la barre ou la chaire, n'ont pas tenu leurs promesses : la tribune est pour la parole la plus redoutable de toutes les épreuves et l'apprentissage, même pour les maîtres, n'y est jamais fini. Un journaliste se brise contre ses écueils plus encore qu'un avocat. On peut être un grand écrivain sans être un grand orateur, ou même un orateur. Lamartine est, dans les temps modernes, un exemple unique de ce double génie. Victor Hugo a fait de beaux discours de rhéteur lyrique ou satirique, mais s'il imposait parfois l'admiration, il ne déterminait jamais un vote. L'imagination de Lamennais lui a inspiré, quand il écrivait, des élans magnifiques, et son esprit maniait cruellement l'ironie, mais il ne fut en 1848 qu'un auditeur désabusé et amer : son frère Jean avait, au contraire, de rares dons oratoires. Guizot et Thiers furent, dans des genres différents, des maîtres de la tribune, mais si Guizot peut, surtout à cause de ses *Mémoires,* compter comme écrivain, il est impossible de mettre, à ce point de vue, Thiers à ses côtés. Lacordaire est, je le crains bien, devenu de toutes façons illisible. La réputation de Veuillot grandit, et la postérité ne refuse pas à son talent de polémiste la justice dont il ne fut pas toujours prodigue envers les autres, mais parla-t-il jamais ? — Au contraire, *Ugernus* écrit et il parle : il est plus écrivain qu'orateur, mais si la tribune est un moyen d'action, il est, à la tribune comme dans son journal, une force qui agit. Il a une bonhomie terrible, un don cruel d'observation, un sens aigu des procédés, des gestes, des intonations et des ridicules. Il a l'esprit fin et le verbe gras, une pénétration singulière et les plus savoureuses audaces d'expression. Lettré jusqu'au bout des ongles, *il peut être le mets des plus délicats,* mais ses excès ne sont pas *le charme* de la seule *canaille,* et, s'il n'est pas trop inutilement méchant, il amuse jusqu'à ses victimes elles-mêmes. Il a des fantaisies ahurissantes et des drôleries impayables, du sang-froid et de la ténacité, une voix formidable, un rire épais de bon garçon réjoui qui aggrave l'âpreté de ses sarcasmes et la rudesse de ses coups. *Ugernus* n'est ni mesuré, ni juste, mais s'il gardait la juste mesure, il ne serait pas lui-même. Il a eu le courage de dénoncer des périls mortels, mais ne lui arrive-t-il pas de se monter la tête contre d'imaginaires *tarasques ?*

Ugernus est arrivé à la Chambre par le journalisme, et c'est aussi le journalisme qui a conduit *Tutelus* au Sénat. Deux révélations, dont l'une est une force d'action. Quand *Ugernus*, royaliste, demande l'exercice du pouvoir républicain, il s'amuse tout le premier de cette formidable *galéjade ;* mais le pouvoir, qu'il a déjà refusé, viendra à *Tutelus* sans qu'il le demande. Il écrit avec clarté, sobriété et élégance ; il n'encombre jamais d'une prose inutile les colonnes du plus matineux des journaux ; il sait faire court. Il a beaucoup lu, beaucoup voyagé et beaucoup retenu ; il manie l'ironie à son gré, tantôt comme une épingle et tantôt comme une fronde, mais elle n'a jamais entre ses mains la trahison d'un stylet. Il a le goût, le sens et le choix des formules. A la tribune, il n'en impose pas moins par sa force que par sa distinction. Sa voix a du charme, et il sait s'en servir. Une bonne articulation est l'expression d'un cerveau lucide : *Tutelus* articule bien. Son début fut un coup de maître, auquel ses autres essais ne furent pas inférieurs. Son bon sens prévient ou corrige les éclats d'une imagination parfois hardie, ou qui paraît l'être. *Tutelus* a déjà rendu de grands services en mettant son éloquence si française au service des droits de la France. Il n'a pas eu d'ambition hâtive : il n'a été ni pressé, ni empressé ; il ne faut pas lire loin dans l'avenir pour y trouver *Tutelus* dans un emploi fait à sa taille.

Pictavius a été, au Luxembourg, une autre révélation. Très petit, il a les yeux et l'esprit vifs, le goût de la bataille et l'amour de la tribune, qu'il a conquise du premier coup. Il y mène un train de diable ; il pique les « banderillas » avec une extraordinaire adresse, et la verve de ses répliques est redoutable. Professeur et journaliste, *Pictavius* connaît les questions dont il parle. Il est indépendant, mais il n'en sera pas moins ministre.

Sequarus, comme lui professeur, journaliste et sénateur, a refusé le ministère. Il a des idées, ce qui vaut mieux que d'avoir des ambitions, et une grande culture. Il sait le grec, le latin et le français. Il parle bien, avec une âpreté souvent inutile ; il est fantaisiste, original et tenace. Tantôt il amuse le Sénat et tantôt il l'agace : le Sénat sans *Sequarus* manquerait d'un de ses plus précieux aiguillons.

Cadurcorus, *Remus* et *Nervius* avaient débuté dans l'ancienne législature ; mais ils ont dépassé leurs promesses et ils sont mieux que des espérances.

Cadurcorus, exilé tout jeune de la Chambre, a trouvé au Sénat un refuge et, tout de suite, une tribune. Il est l'une des plus fortes caboches du Parlement. Avocat, il a développé en lui des aptitudes et un don d'assimilation qui ont aidé le *Politique*. Il sait les affaires du dedans, les finances, le commerce, la marine, l'administration, mais il possède à un degré au moins égal la carte du dehors. Il n'a pas peur des risques : il les cherche plutôt, il s'y amuse, il les cultive et il les aime. Les affaires vivent, durent ou meurent par les hommes : il connaît les hommes. Sa profession, où il est un maître, le fait pénétrer dans tous les mondes, et la vie parisienne n'a pas pour lui de secrets. Mais les questions internationales ne l'attirent pas moins : il ne se contente pas de les étudier dans son cabinet, où elles viennent vers lui ; il va vers elles, il voyage, il interroge, il compare, il consulte des dossiers vivants. Aussi ses impressions, ses opinions et ses conclusions sont bien à lui. On dit que *Cadurcorus* ne voit pas toujours juste. C'est qu'il voit trop loin ou trop tôt, mais il ne voit pas par les yeux des autres. Il est indépendant et courageux. Il est fidèle à son parti et à ses amis, mais il ne ménage pas leurs vérités à ceux qu'il aime, et si son parti se trompe sur l'intérêt français, il lui préfère la France. Il a une redoutable mâchoire, le regard pénétrant et vif, une voix chaude où il passe des accents de mépris et de rudesse, une terrible facilité de réplique. *Cadurcorus* est puissamment armé pour la bataille parlementaire dont il ne redoute pas les assauts : d'un mot, il est une force, qui n'a pas encore donné toute sa mesure et livré tous ses secrets.

Remus est petit et frêle, mais il y a sous cette enveloppe fragile une âme ardente que sert un admirable talent. La vivacité de sa démarche trahit celle de son esprit, trop abondant en abstractions, mais riche d'une large culture. Dans la conversation, *Remus*, ingénieux et paradoxal, a l'art de plaire : à la tribune, il domine. Sa présence impose l'attention. Il n'a pas besoin d'attendre le silence : le silence spontané d'une Assemblée est l'hommage qu'elle rend, sans distinction de partis, aux grands orateurs : *Remus* est un grand orateur. Il a de la clarté, de l'ordre, de la puissance, de la véhémence, de la logique, de l'ironie, des images. Son geste appuie sa parole : tantôt il se penche sur la tribune comme pour une confidence, et tantôt il se relève brusquement comme pour un défi. Il vit: son éloquence est de l'action continue et irrésistible. Sa pensée va vite ; même s'il ne convainc pas, il séduit et il entraîne. Il a le goût des synthèses, parfois nuageuses, qui contrarient en lui le sens pratique des solutions. Mais il s'est donné la peine d'apprendre les questions dont il parle. *Remus* n'abuse pas de la tribune, et il y est passé maître: *Remus* a connu les plus grands succès, et il est modeste. Qui n'aimerait pas *Remus* ?

Nervius sort des affaires, dont il est, pour être libre, définitivement sorti. Il est riche, mais pas autant qu'on le dit, et il a toujours en poche la liste des 56 parlementaires dont la fortune est supérieure à la sienne.

Comme la vérification est difficile et que la curiosité serait indiscrète, on s'amuse d'un inventaire que l'on ne demande pas à connaître, et la poche de *Nervius* rivalise avec l'âme d'Arvers pour garder son secret. Mais pourquoi *Nervius* ne serait-il pas riche ? Ce n'est pas lui qui, *à force de faire de nouveaux contrats, ou de sentir son argent grossir dans ses coffres, se croit enfin une bonne tête, et presque capable de gouverner.* Le gouvernement est allé à lui, et non lui au gouvernement. *Namnetus*, qui pense avec raison que la bonne gestion des affaires privées ne suppose pas l'incapacité d'administrer les affaires publiques, fit de *Nervius* un essai technique qui réussit, et que *Tigris* poussa haut et loin. Le goût de la politique vint à *Nervius* : il est député, il a été ministre, il sera ministre, et peut-être... Pourquoi non ? *Nervius* a une bonne tête, une rare vivacité d'intelligence, une grande puissance de travail et une imagination brillante. Sa parole est rapide, mais claire. Il a assoupli sa voix — une voix de tête — aux nécessités de la tribune, dont il est un des meilleurs debaters. Il jongle avec les chiffres, avec les changes, avec les importations et avec les exportations, il tient les « balances », il rétablit les « équilibres ». Il plonge dans le budget, il en sort, il s'y étale, avec l'aisance d'un nageur qui ne se perd ni dans les tourbillons ni dans les gouffres : si la Manche était un budget, il traverserait la Manche. *Nervius* a du sang-froid et du jugement ; il sait négocier ; mais on redoute les audaces de son imagination. Pour ma part, je redoute plutôt cette crainte. La méthode de *Nervius* a ses risques, mais qui ne risque rien n'a rien, et il y a des heures où l'audace se confond avec la sagesse. *Nervius* n'a pas besoin de pousser les aiguilles : il aura son heure, déjà inscrite au cadran.

Blesius est de l'opposition. Il a l'âme ardente, la parole diserte, l'imagination hardie, la logique pressante et courtoise. *Blesius* a gouverné. Il n'a rien renié de son idéal, mais un conseil de socialistes ministres serait-il un conseil des ministres socialistes? Je ne suis pas pressé d'en voir l'étrenne. Pourtant si *Blesius* appelait au pouvoir *Léon*, dont la parole subtile et élégante recouvre des idées audacieuses, et *Vincent* qui a de la force aisée jusque dans les chiffres, je suis bien sûr que *Blesius*, *Léon* et *Vincent* justifieraient le mot de Mirabeau que « la place de ministre fait d'un homme un tout autre homme ».

L'Académie compte quatre membres au Parlement. Seraient-ils plus nombreux qu'ils auraient de la peine à enrayer la décadence du français dont la tribune, qui subit l'action extérieure, offre de trop pénibles symptômes. La guerre a bouleversé la langue plus qu'elle ne l'a enrichie, cette « vieille et admirable » langue dont Renan disait qu' « on ne la trouve pauvre que quand on ne la sait pas. » Au Parlement, on ne la sait pas moins qu'ailleurs, mais je crains bien qu'on ne la sache pas davantage. Les sénateurs et les députés apportent avec eux l'air, le ton et les mots du dehors : ils sont en tout des « représentants ». Aussi les audaces de la tribune ne sont pas d'hier. Il y a quelque vingt ans, un ministre, dont j'aime mieux oublier le nom, connut un jour de célébrité pour cette phrase, qui trahissait à la fois son indignation et la grammaire : « Nous vivons sous le régime de l'inexactitude de la position de la question ». M. Dufaure, qui depuis fut académicien, avait fait mieux : il avait en 1848 laissé tomber de la tribune cette « pierre précieuse », que Victor Hugo a enchâssée, avec quelques autres du même prix, dans ses prodigieuses *Choses vues :* « Nous n'avons pas eu l'idée d'avoir la pensée de rien faire qui pût nous faire supposer l'intention d'avoir, du plus loin possible, la pensée de faire planer la souveraineté du fait dans les considérations qui militent en faveur de la souveraineté du droit. » Je crois bien que c'est un modèle du genre, un modèle à ne pas suivre dans un genre qu'il ne faut pas imiter. Il y eut des *très bien, très bien !*

Mais il peut arriver, par contre, que l'on connaisse un mauvais accueil pour une expression exacte.

« M. Léon Faucher. — *Les ouvriers réclament l'abrègement....* L'Assemblée murmure. M. Faucher s'aperçoit qu'il parle français, il se reprend et fait un quasi-barbarisme : *... l'abréviation des heures de travail.* » L'Assemblée est satisfaite.

La contagion gagne les meilleurs. N'est-il pas arrivé à Victor Hugo de dire, de son propre aveu, à propos de la peine de mort : *Vous ou vos sucesseurs l'aboliront demain ?*

Trente ans après, la décadence s'était accentuée. J'en trouve un curieux témoignage dans le passage d'une lettre que Sully-Prudhomme adressait à son amie Mme Amiel, le 1er octobre 1877. On avait sollicité le poète de faire partie d'un comité républicain, qui soutenait la candidature d'Anatole de la Forge. Quoique décidé à ne pas entrer dans la cuisine électorale, Sully-Prudhomme était disposé à donner son nom : il disait: « de la Forge s'est distingué à Saint-Quentin pendant la guerre ; c'est un singulier brevet de législateur. Mais il s'agit bien, en vérité, de trouver des gens capables. Voilà, hélas ! où nous en sommes. J'ai peur que nous n'ayons à la Chambre plus d'ânes que jamais ; il paraît que sur vingt députés de la dernière Chambre, il y en avait dix-neuf disant : Messieurs, je demande *à ce que...* On fait, il est vrai, de la politique avec des caractères, mais c'est avec des intelligences qu'on fait les lois. »

Si la proportion des : Je demande *à ce que...* était en 1877 celle que notait trop sévèrement Sully-Prudhomme, il y aurait plutôt un progrès, car je doute que dans la Chambre actuelle il se trouve 593 députés pour employer cette expression incorrecte et peu harmonieuse. Mais il est trop vrai qu'elle est généralement usitée et qu'elle fait partie du langage habituel des Assemblées parlementaires, qui l'ont empruntée à la conversation courante. Il y en a d'autres, hélas ! M. Jacques Boulenger a consacré à *la grande Pitié de la langue française* trois articles de l'*Opinion* (23 mars, 30 mars, 13 avril 1923) où il analyse avec beaucoup de force les déformations qu'elle a subies. Le Parlement y trouve son compte. M. Jacques Boulenger attribue la plupart de ces incorrections au désir, qu'avaient déjà les tribuns des premières assemblées révolutionnaires, de parler un langage noble et « habillé » pour entraîner la foule, à la façon des uniformes chamarrés qui exercent un prestige collectif. Cette appréciation n'est pas absolument vraie. Il y a évidemment des orateurs dont le jargon est fait de prétention et de solennité. Mais combien d'autres ne parlent que le français qu'ils savent, c'est-à-dire qu'ils ne savent pas le français ! Victor Hugo ne pourrait pas ramasser aujourd'hui toutes les « pierres précieuses » qui tombent de la tribune : il n'y aurait plus des écrins assez grands pour les contenir. En voulez-vous quelques-unes ? « Pour révolutionner la crise des denrées de remplacement déficitaires, il faut pratiquer un recours systématique à des modalités progressives de compartimentement et de contingentement. » Un ministre parle : « Vous me demandez d'envisager la question au point de vue de l'évasion possible de ce bétail. Je suis tout à fait d'avis que le gouvernement est disposé à mettre la main sur le bétail de façon qu'il ne puisse pas s'évader. » Quand le gouvernement met ainsi à mal la langue française, il ne faut pas s'étonner qu'un député propose « pour les incorporés un classement par catégories d'après le coefficient de leur robusticité réelle », ou qu'un autre dise : « J'insiste beaucoup pour que le Parlement prenne en considération les désirs que je formule et qui tendent au maintien de l'état de choses actuel en ce qui concerne le maintien de la taxe de luxe », — ou qu'on entende cette déclaration : « Ces faits ne forment pas une diversion et je ne chercherai pas dans un subterfuge un refuge commode ni un abri momentané. » De tels exemples recueillis par M. Jacques Boulenger ne sont rien à côté de ce que l'avenir nous réserve. J'attends, pour ma part, cette phrase, inévitable : « Je demande *à ce que* M. le ministre de l'Agriculture *cause de suite au* ministre du Commerce pour *connexer* et *solutionner* le *contingentement* et le *compartimentement* des blés. » Qu'y faire ? Il y a des rappels au règlement : peut-on instituer des rappels à la langue ? C'est un vice-président de la Chambre qui a prononcé cette phrase : « Il a paru difficile que les boissons ne soient pas également taxées.... Il s'agissait de savoir *si un effort ne doit pas leur être demandé. » Quis custodiet ipsos custodes ?*

CHAPITRE III

LE MINISTÈRE
LA PRÉSIDENCE DU CONSEIL

Hodie tibi, cras mihi.

*Que d'amis, que de
parents naissent en une
nuit au nouveau mi-
nistre !*

*Il n'y a pas de mi-
nistre si occupé qui ne
sache perdre chaque
jour deux heures de son
temps.*

(LA BRUYÈRE.)

*Le régime de la parole. ‖ Les ministrables : Théodole et
Erophile. ‖ Les Redingotes. ‖ Les combinaisons : Fuxus
et Tigris. ‖ Les surprises du téléphone. ‖ La distribution des portefeuilles : Égésippe. ‖ La présidence et la
vice-présidence du Conseil. La Déclaration. ‖ En Conseil. ‖ Au Gouvernement : Gallus Maximus, Mosanus,
Mosanus Junior, Briocus, Orthesius. ‖ La politique et
l'intrigue. ‖ Les contradictions. ‖ L'honnêteté du Politique. ‖ Nos Femmes.*

UN mot nouveau peut être une révélation. Ainsi
du mot « ministrable ». Il accuse une situation
nouvelle. Ce n'est évidemment pas d'hier que datent
le goût, l'appétit ou l'ambition du pouvoir : ils sont
dans la nature humaine et l'ancien régime connut des
intrigues et des querelles dont cette mauvaise langue
de Saint-Simon a fait les plus amusants récits. On
n'agit qu'au gouvernement, et quand on veut réformer

les institutions et les lois de son pays, c'est au gouvernement qu'il faut être. Mirabeau voulait devenir ministre. Louis XVI commit une faute irréparable en l'écartant. Le roi était encore le maître. En devenant constitutionnelle, la royauté se soumit aux volontés des Assemblées. Le régime de la parole publique, ou, ce qui revient au même, le régime parlementaire, est une bataille dont le pouvoir est le prix. La lutte entre Thiers et Guizot caractérise le règne de Louis-Philippe. Avec le Second Empire, qui fut un régime dictatorial, il y eut aussi des luttes d'influence, mais elles ressemblèrent aux intrigues de l'ancienne royauté. La Troisième République n'eut d'abord de républicain que le nom. Il lui fallut triompher du 24 mai et du 16 mai pour justifier son étiquette. Après le 16 mai, les partis se disputèrent le pouvoir. Mais le régime parlementaire mit encore du temps avant de fonctionner selon ses règles normales. Comme républicain, Gambetta était désigné pour le gouvernement : la majorité républicaine saluait en lui son chef et son guide. Si le maréchal de Mac-Mahon l'avait appelé, il se serait rendu à l'Élysée, le discours de Romans à la main : le maréchal ne l'appela pas. Le président Grévy ne l'appela que trop tard. Déjà les ambitions rivales et les rancunes avaient « grignoté » son influence et il ne fut pas donné à ce grand orateur de développer les qualités du « Politique » qui étaient en lui.

C'était l'époque où, malgré l'ardeur des passions, chacun ne se croyait pas propre à devenir ministre.

Il y eut de mauvais choix, mais on exigeait encore des preuves et la liste des aspirants était restreinte. Depuis quelques années, elle s'est démesurément allongée. D'où la nécessité d'un mot nouveau : on est « ministrable », c'est-à-dire apte à faire partie de ce qu'on appelle une « combinaison ». Mais qui n'est pas ou ne se croit pas apte ? Autrefois, dans des temps qui ne sont pas encore très anciens, il fallait, pour être ministre ou sous-secrétaire d'État, s'être fait une situation parlementaire, avoir parlé, travaillé, agi. Aujourd'hui, on peut être « ministrable » sans avoir rien fait ou presque ; on est d'un parti, d'un groupe, d'une clientèle, d'une camaraderie, d'un déjeuner. Je sais des candidats qui n'ont jamais prononcé un discours ou écrit un rapport ; mais ils ont des amitiés puissantes, ou le sens de l'intrigue, ou le flair des couloirs. Plusieurs jouent dans tous les jeux. Qui sera président du Conseil ? Pierre, Paul ou Jacques ? Leurs chances sont égales : il faut se mettre dans toutes les chances.

Théodote, quoique novice, pratique déjà ce métier avec une infinie souplesse. *Il est au guet et à la découverte sur tout ce qui paraît de nouveau avec les livrées de la faveur.* Il ménage le passé, qui peut avoir des revanches ; le présent, d'où l'on retire des bénéfices, et l'avenir, sur lequel il édifie ses espérances. *Il a une profusion, le dirai-je? des torrents de louanges pour ce qu'a fait ou ce qu'a dit un homme placé.* Ne veut-il pas se placer lui-même ? S'il ne réussit pas à être ministre, il se résignera à être sous-secrétaire d'État, ambassadeur, haut-commissaire. *Il vise à se faire des patrons.... Il est médiateur, confident, entremetteur; il veut gouverner.* Il est surtout l'ami d'*Érophile*. Or *Érophile* promet beaucoup; il donne des paroles aux uns et aux autres, en recommandant aux uns de se méfier des autres. Tous lui font une clientèle. Il a dans les couloirs des rabatteurs empressés et habiles qui, eux aussi, promettent. A mesure qu'il sent approcher l'heure du pouvoir, il augmente sa liste. Qui n'est pas sur la liste d'*Érophile*? On devrait se méfier. Pas du tout; on espère, on se croit sûr; on se tient pour un privilégié qui ne sera pas trompé, et on s'amuse du voisin, qui sera dupe. Le jour arrive où *Érophile* est « appelé » ! Sa liste est si longue qu'elle pourrait alimenter plusieurs combinaisons. Il faut faire des choix et des sacrifices. Les élus se réjouissent, mais *Érophile* est si habile, si persuasif, si fertile en ressources, si *fin* et si *entendu*, que les sacrifiés, auxquels il fait d'autres promesses, ne lui gardent pas rancune. *Comment voulez-vous qu'Érophile, à qui le manque de parole, les mauvais offices, la fourberie, bien loin de nuire, ont mérité des grâces et des bienfaits de ceux mêmes qu'il a ou manqué de servir ou désobligés, ne présume pas infiniment de soi et de son industrie?*

Il y eut un temps où, pendant une crise ministérielle, et tant que quelqu'un « marchait », la redingote était de rigueur pour les candidats confiants. On guettait chez soi le coup de sonnette de la porte ou, plus tard, la sonnerie du téléphone. Va-t-il venir ? Cette voiture qui s'arrête, est-ce la sienne ? Ces pas, qu'on entend dans l'escalier, sont-ce les siens ? S'il ne vient pas lui-même, il est trop excusable, ayant tant à faire ! Mais il enverra peut-être un chef de cabinet, un ami désintéressé et complaisant, un collègue déjà désigné ? On attend. La redingote qu'on a revêtue est un symbole et une espérance : elle est surtout une tradition. Une jaquette serait une hérésie ; un veston, une impertinence. Seule, la redingote est dans les convenances protocolaires et on doit en être revêtu pour recevoir l'offre du président du Conseil, pour se rendre chez lui, pour être présenté à l'Élysée. Mais il y avait, si j'ose ainsi dire, des redingotes enfiévrées et impatientes qui se lassaient d'attendre dans l'incertitude inquiète de ce qui se préparait. Elles allaient au dehors ; elles se promenaient dans les couloirs du Parlement ; elles frôlaient leurs sœurs rivales. Combien en ai-je vu passer et repasser, servir inutilement d'une crise à l'autre, et rentrer tristement, sous l'ironie des regards malveillants et amusés !

Aujourd'hui la redingote n'est plus nécessaire. La démocratie épargne à ses favoris un vêtement qu'il faut beaucoup de distinction pour porter avec aisance. Le veston a rapproché les conditions et, dans les jours de crise, sous la tenue presque uniforme, les ambitions se dissimulent mieux. Cela ne veut pas dire qu'elles soient moins nombreuses. Hélas ! non. Jamais on ne vit un tel empressement. M. Briand reçut en janvier 1921 des offres de concours dont le chiffre dépassait tous les précédents : je le connais, mais je ne le dirai pas, parce que personne ne me croirait ! Sur les divans des Affaires étrangères, des candidats s'étaient échoués comme des émigrants sur les bancs de la gare Saint-Lazare. Mais M. Briand est philosophe et humain : il ne s'étonna pas et il ne s'effraya pas. Il eut seulement quelque embarras à choisir parmi tant de dévouements prêts à sacrifier leur repos à l'intérêt public. Et les « ministrables » inoccupés attendirent une autre occasion. Combien l'attendent encore !

Il faudrait écrire un volume si l'on voulait raconter tous les incidents qui ont égayé tant de crises ministérielles. Il n'en est presque pas une où un candidat, qui se croit exclu, ne critique la combinaison dans laquelle il finit par être appelé souvent au moment même où il la juge avec la sévérité la plus âpre.

Mais il y a des « ministrables » plus drôles ! *Perpennianus* crut, un jour, son jour venu. Les Travaux publics l'attiraient. Brave garçon et familier, il courait autour des influences pour les mettre dans le jeu de son ambition. Il aborde le directeur d'un journal, flanqué de son rédacteur. « Vous savez, tout ce que vous voudrez. » Fausse sortie. Il revient et va au rédacteur : « Vous aussi, tout ce que vous voudrez. » On le croit parti ; le voici encore qui jette au directeur cette phrase : « A la rigueur, j'irais à l'Agriculture : je compte sur vous. » *Perpennianus* comptait sur tout le monde, mais il fallait compter avec Emmanuel

Arène : « Vous savez, je vous ferai vos chemins de
fer. » Arène avait l'ironie délicieuse : « Je n'y tiens
pas tant que ça ! Je n'aurais plus rien à promettre. »
Alors, *Perpennianus*, avec une générosité magnifique:
« Monsieur Arène, ayez confiance en moi : je ne vous
les ferai pas ! »

Qui donc a, d'un couteau adroit, gravé ces quatre
mots sur le banc des ministres : *Hodie tibi, cras mihi ?*
Je les y ai lus souvent : il y a plus de sincérité dans
cette menace d'un candidat qu'il n'y en aurait dans la
promesse d'un ministre, disant, avec la formule traditionnelle : *Hodie mihi, cras tibi.* J'aime, quoiqu'elle
soit anonyme, cette belle déclaration d'un « ministrable » qui se réserve pour demain l'une des places
occupées aujourd'hui sur le banc célèbre vers lequel
vont tant de convoitises. Il est rare qu'une « combinaison » soit faite à l'avance de toutes pièces. Trop préparer nuit. Il faut réserver la part des circonstances,
les conditions de l'événement, la nature de l'accident.
Je ne crois pas qu'un cabinet se soit jamais constitué
avec des éléments tout prêts. Une crise offre toujours
de l'imprévu. Évidemment, quand il sent qu'il peut être
prochainement « désigné », un futur (qui est souvent
un ancien) président du Conseil songe à la distribution
des portefeuilles principaux, et, sans arrêter des choix

ou sans prendre des engagements, il se dit à lui-même les noms qui pourront fixer ses préférences. Mais les situations changent si vite ! On semble désigné et presque imposé par les événements ; puis, si la crise ne se produit pas à l'heure où tout paraissait l'annoncer, la roue tourne et il n'est plus question de celui dont, quelques semaines auparavant, la désignation, souhaitée par les uns et combattue par les autres, ne faisait du moins de question pour personne.

Voici pourtant une crise. Qui la dénouera ? Après les consultations officielles, qui lui apprennent peu de chose, le Président de la République charge un sénateur ou un député de constituer le cabinet. Généralement, ce personnage consulaire, que le chef de l'État envoie chercher selon les règles d'un protocole traditionnel, réserve sa réponse jusqu'à ce qu'il ait consulté ses amis, dont il avait eu soin pourtant de prendre à l'avance les conseils. Il fait des visites. Elles n'ont pas toutes pour objet l'offre d'un portefeuille et elles peuvent n'être que des consultations. Il y en a d'amusantes.

Fuxus. — Je ne viens pas vous apporter une place dans la combinaison que je projette.

Tigris. — Vous avez raison : je prendrais la présidence du Conseil.

Fuxus. — Évidemment. Mais j'attends de votre vieille amitié un service. Avant de me mettre en route, j'ai voulu savoir, pour ne pas faire de faux pas, ce que vous pensez de moi.

Tigris. — On ne réveille pas les gens pour leur poser

des questions aussi étranges. Je ne suis pas ce matin en état d'y répondre.

FUXUS. —Soit, mais j'ai besoin d'être renseigné sur ma situation. Dites-moi ce que l'on pense de moi.

TIGRIS, *à la fois agacé et amusé.* — Vous voulez le savoir ? On dit que vous avez trompé tout le monde.

FUXUS, *après une courte réflexion.* — *Trompé* est excessif, *déçu* serait plus exact.

Quand *Tigris*, plus tard, prit le pouvoir, il ne rendit pas sa visite à *Fuxus*.

Fuxus était, comme *Atrebatius*, quoique dans un autre genre, un orateur admirable, mais, comme lui, il excellait dans le conseil plus que dans l'action. Gambetta avait dit de son intelligence qu'elle était un « philtre » et de son caractère une « nolonté ». Anatole France l'a dépeint — où ? cherchez — « portant la clarté jusqu'à la splendeur, abondant et tranquille, faisant couler à petits flots chantants et caressants sa phrase incolore et lucide, et construisant, devant l'auditeur émerveillé, ses discours qui ressemblent, dans leur frêle élégance et dans leur grâce un peu sèche, à de merveilleux ponts suspendus ».

Fuxus était « mince, fin et pâle ». Il trottait comme une souris blanche. Il suivait les débats avec une attention soutenue, que protégeait le respect dont il était entouré, et il construisait le « pont » de ses répliques selon l'atmosphère de la séance et sans rien perdre des avantages que ses contradicteurs lui apportaient. Un jour, un de ses collègues, assis auprès de lui, lui dit en montrant l'orateur qui était à la tribune : « Il me semble qu'il a raison ». J'entendis *Fuxus* lui répondre : « *Personnellement*, je suis de votre avis ; *ministériellement*, je ne sais pas encore. » Le trait peint un homme.

Les crises ont leur côté drôle, où le téléphone joue de vilains tours à des candidats dont la crédulité égale l'impatience. En 1913, chargé de former le ministère, je reçus la visite d'un sénateur et d'un député que je n'avais pas convoqués. Le sénateur fut prudent : nous échangeâmes dans la gêne des propos vagues. Le député, moins circonspect, mangea le morceau et il accepta l'offre que je n'avais pas l'intention de lui faire ; je déclinai son acceptation. Ils avaient été, tous les deux, victimes d'un mauvais farceur, qui devait être quelque mauvais collègue. Je sais que le même incident, dont Camille Pelletan avait été victime au moment de la formation du cabinet Waldeck-Rousseau, s'est aussi produit dans des crises postérieures. Il faut se méfier du téléphone et on ne doit accepter une commande ou un portefeuille que si l'on est bien sûr de la voix que l'on y entend.

Voici les nouveaux ministres assis autour de la table que préside le nouveau (ou l'ancien) président du Conseil. La distribution des portefeuilles commence. Des exigences s'affrontent, qui ne sont pas toujours des compétences.

Le plus grand embarras vient d'*Égésippe*. Où le placer ? Il a de l'influence dans son groupe, qui est important et qu'il y aurait du péril à mécontenter. *Le mettra-t-on dans les finances ou dans les troupes ? Cela est indifférent, et il faut que ce soit l'intérêt seul qui en décide, car il est aussi capable de manier de l'argent ou de dresser des comptes que de porter les armes : il est propre à tout, disent ses amis, — ce qui signifie toujours qu'il n'a pas plus de talent pour une chose que pour une autre ou, en d'autres termes, qu'il n'est propre à rien. Égésippe* est modeste, mais son groupe est difficile, et, à défaut du nombre, il veut avoir le choix. Que faire d'*Égésippe* ? Il n'a pas de goût particulier pour les finances ou pour les troupes : il en a plutôt la peur. Les Sceaux sont libres : on lui en confie la garde. Quelle imprudence ! *Égésippe* ne sait pas le malheur qui lui arrive. Il a vu la dignité, mais il n'a pas même entrevu les risques. Il y a de faux bons ministères : il n'en est pas de pire que celui de la Justice. C'est, à vrai dire, un guêpier. On le croit de tout repos : il est semé de pièges, et nulle part les apparences ne sont plus perfidement trompeuses. Il s'écoule des semaines de tranquillité oisive où l'on se reproche presque de n'avoir rien à faire. Puis, brusquement, une bombe éclate, un incident, un scandale, un procès, qui mettent en mouvement les passions et les rancunes des partis. *Ugernus* vous assaille de ses piqûres acérées ; il ne vous laisse pas en repos ; il travaille de la plume comme une guêpe de son dard ; il trouble l'atmosphère et il agite l'opinion ; à son appel, des essaims se forment et leurs assauts ont souvent les ruches ennemies pour complices. *Égésippe*, qu'avez-vous fait ? Qu'a-t-on fait de vous, *Égésippe ?* Ne me dites pas que vous êtes honnête, indépendant et courageux, homme de conscience et de devoir, et que vous pouvez regarder en face la statue de Michel de l'Hospital. La correction de vos instructions et la probité de vos actes n'empêcheront pas que vous ne soyez suspect, tantôt aux uns, tantôt aux autres, et finalement à tous. *Égésippe*, j'ai passé où vous êtes, *experto crede Ludovico*, et je vous plains.

Pourquoi le ministère de la Justice s'accompagne-t-il de la vice-présidence du Conseil ? Il en est ainsi, parce qu'il en a toujours été ainsi : il y a une tradition, mais il n'y a pas de texte. D'ailleurs, il importe peu. La vice-présidence du Conseil, qui aurait son utilité, n'est même pas un titre honorifique et le *Journal officiel* ne la connaît pas. Quand le président du Conseil est souffrant ou absent, le garde des Sceaux parle, dans les questions de politique générale, au nom du gouvernement, mais aucune loi ne lui donne une qualité particulière. Il tient ses pouvoirs passagers de son rang protocolaire : il ne les doit ni à sa compétence ni à son autorité. Il a le pas, venant le second, sur les anciens présidents du Conseil qui sont dans le cabinet. Cette préséance, quand elle passe de l'honneur à l'action, n'est pas sans dangers ; tel cabinet fut renversé par la maladresse d'un *Égésippe*. La vérité voudrait qu'en formant un ministère, le président du Conseil confiât les attributions éventuelles de la vice-présidence à un collaborateur de son choix, agréé par les autres, que son expérience et ses services désigneraient.

Mais il n'y a même pas, au point de vue constitutionnel, de présidence du Conseil : c'est un organisme créé par l'usage et nécessaire, qui ne s'appuie sur aucun texte. Il faudra bien finir par l'instituer. Je la voudrais indépendante et autonome. Qu'on ne m'objecte pas le précédent, peu encourageant, de M. Viviani, qui s'était installé au ministère des Affaires étrangères, n'ayant ni dossiers ni pouvoirs propres, et donnant l'impression d'être un locataire, toléré et précaire, peu sûr de sa prorogation. La présidence du Conseil sans portefeuille ne ressemble en rien à la présidence organisée, installée chez elle, ayant les moyens d'information, de contrôle et d'action que la fonction exige. On en viendra là si l'on veut que le chef du gouvernement dirige et coordonne la politique générale, dont il est responsable. Tant que les questions extérieures dominent les autres, on comprend que le président du Conseil s'attribue la gestion des Affaires étrangères, mais le cumul ne doit pas devenir un dogme. Il y a tout intérêt à diviser des fonctions dont chacune suffit à occuper l'activité de l'homme le plus laborieux et le plus attentif. Quand le ministre des Affaires étrangères n'est pas en même temps président du Conseil, il s'applique tout entier à sa tâche sans être dérangé dans ses audiences et sans être obligé de se rendre à la Chambre ou au Sénat par un brusque incident qui impose sa présence. D'autre part, dans les cas difficiles, et sur la démarche pressante d'un ambassadeur, il peut, avant de prendre une décision, et pour se donner le temps de réfléchir, invoquer la nécessité de consulter le président du Conseil, qui lui-même en réfère au Conseil des ministres. Si les deux fonctions sont réunies dans les mêmes mains, on perd le bénéfice d'une voie de recours. La puissance de travail et le don d'ubiquité de M. Poincaré doivent être loués comme une exception magnifique, mais elles sont un exemple inimitable. Le cumul est une gageure, dont il importe que la France ne coure pas les risques et ne paie pas les frais.

Le cabinet est formé : son souci immédiat est de rédiger la déclaration ministérielle. La tâche est ingrate. Cette déclaration est une tradition, mais est-elle une nécessité ? La composition d'un ministère est, à elle seule, un programme. Ne pourrait-il pas attendre les questions précises, qui sont inévitables, au lieu de balancer dans un sage équilibre des phrases prudentes dont le sens est, généralement, assez vague ? La tentative serait originale et peut-être appelée à un réel succès. Les déclarations ministérielles sont un devoir de rhétorique, d'où il vaut mieux que la rhétorique soit absente. La plus courte est la meilleure : au Parlement comme au théâtre, ce qui est coupé n'est pas sifflé. Il y a deux façons de la rédiger : ou le président du Conseil s'en charge seul, ou il demande à chacun de ses collègues son couplet. La mosaïque est une mauvaise méthode ; chaque ministre a une tendance toute naturelle à tirer la déclaration à soi et à faire long ; on voit trop les morceaux, dont tous ne sont pas bons. Je fus surpris que *Tigris*, dont l'esprit est si vif, tombât dans cet écueil, que lui eût épargné un sage conseil de *Fuxus* : sa première déclaration ressembla à une table des matières, qui ennuya. *Mosanus* a pratiqué l'autre méthode : ses déclarations y ont gagné en brièveté et en clarté.

D'ordinaire, la lecture de la déclaration est suivie d'un débat provoqué par une ou par plusieurs interpellations. Mais le silence concerté peut être une tactique. Je ne sais pas pourquoi *Tigris* redoutait qu'on l'employât à son égard, mais je sais bien que je fus chargé d'en détourner le péril. G..., qui avait été ministre Colonies, était un vieil ami de *Tigris*. J'allai le voir en son nom pour le prier de déposer une demande d'interpellation, accompagnée d'un bon ordre du jour de confiance, que j'avais préalablement rédigé. G... posa sur moi le regard de ses lunettes avec une sorte d'étonnement irrité qui surprit, sans la déconcerter, ma psychologie mal avertie. Qui pénétrera jamais le fond de l'âme d'un « ministrable » ? Le dialogue fut court :

MOI. — *Tigris fait appel à votre amitié pour l'interpeller avec confiance. Vous lui rendrez service.*

G... — *Vraiment...! Le cabinet est donc définitivement constitué ?*

MOI. — *Oui, et la déclaration presque prête.*

G... — *Qui va aux Colonies ?*

MOI. — *M — L.*

G... — *Ah! Je ne comprends pas que vous ayez fait cette démarche, et surtout que Tigris en ait eu l'idée. Je n'accepte pas d'interpeller un ministère dont j'avais toutes les raisons de croire que je ferais partie.*

Je n'éprouvai pas le besoin d'en entendre davantage : je transmis la réponse à *Tigris*, qui tourna contre moi sa verve gouailleuse, mais je ne me suis chargé depuis que de faire des *propositions* à des « ministrables », dont aucun n'a refusé !

Les ministères interpellés ont des débuts plus ou moins heureux, mais, si j'ai bonne mémoire, *Atrebattus* seul, que Jaurès avait comparé à un cyprès stérile, connut l'injustice et l'amertume d'être renversé dès son premier contact avec la Chambre. Il n'en était pas à sa première présidence. Aussi méritait-il de continuer à être appelé : *M. le Président.* Mais parmi ses collaborateurs il y en avait deux ou trois qui étaient ministres pour la première fois. Les huissiers et leurs cartes de visite leur conservent encore cette dénomination assez répandue, mais néanmoins flatteuse. Dans le protocole parlementaire, la durée du titre ne se

mesure pas à la durée de la fonction ; qu'on soit resté
en exercice un jour ou un an, on est pour toujours
M. le Ministre. Les sous-secrétaires d'État ont usurpé
ce titre : il ne leur appartient pas, mais ils s'en pa-
rent. Je crois bien que le précédent remonte à ce
brave D.-B. Il était si heureux de se l'entendre dire !
Sa bonne figure en était toute épanouie et il avait si
bien fini par en prendre l'habitude qu'il la confondait
avec un droit et qu'il écoutait d'une oreille étonnée
ceux qui l'appelaient simplement : *M. le Sous-Secrétaire d'État.* L'usurpation s'est étendue. Les hauts-
commissaires, eux aussi, se laissent... ou se font dé-
cerner le titre de ministre. N'en accusez pas plus particulièrement la nature parlementaire, mais seulement
la nature humaine :

Le monde est plein de gens qui ne sont pas plus sages
Tout bourgeois veut bâtir comme les grands seigneurs,
  Tout petit prince a des ambassadeurs ;
    Tout marquis veut avoir des pages !

Et les pages eux-mêmes... !

Autrefois, la déclaration ministérielle se lisait toujours en redingote. Je crois que, le premier, Waldeck-
Rousseau, dont la tenue était si correcte et si élégante,
atténua par la simplicité du veston la solennité de cette
cérémonie. Il est important de bien lire, mais il ne faut
pas lire trop bien. *Namnetus* lit mal : il ne met pas les
mots en valeur et il ne détache pas le relief des pas-
sages essentiels. On dirait qu'il s'acquitte d'une corvée
et qu'il a la hâte d'en finir. Au Sénat, c'est le garde des

Sceaux qui fait la lecture. Il arriva un jour que cette tâche, plus périlleuse qu'amusante, incomba à *Leronensius*, tandis que *Namnetus* la remplissait au Palais-Bourbon. *Leronensius* sait lire ; du moins, il articule nettement. Il eût mieux fait, dans cette circonstance, de ne pas user du don qu'il croit avoir. La déclaration valait mieux par les intentions que par l'expression : elle ne gagnait pas trop à être entendue. *Leronensius* n'en laissa rien tomber, si bien que les mauvais esprits dénoncèrent une volonté d'ironie où il n'y avait qu'un devoir de fonction. Mais il n'est rien de pire qu'une réputation d'habileté. *Leronensius* est accablé par la sienne, que lui ont faite les vrais habiles, ceux dont *la finesse est l'occasion prochaine de la fourberie.*

C'est en Conseil des ministres que se discutent les grandes affaires... hélas ! aussi les petites, et que le gouvernement arrête... ou n'arrête pas l'attitude qu'il prendra dans les débats parlementaires. Chacun y apporte son tempérament : *Tigris*, un caractère autoritaire, un verbe tranchant et une verve caustique ; *Namnetus*, une indolence apparente, mais beaucoup plus de présence réelle que ses regards perdus dans le lointain n'en laissent supposer ; *Mosanus*, un esprit clair, une attention aiguë et le contrôle rigoureux, quoique bienveillant, des actes de ses collaborateurs. C'est avec *Tigris* qu'il y avait le plus d'imprévu. *Diseur de bons mots,*

mauvais caractère : Pascal l'avait dit avant La Bruyère, et c'est une vérité profonde. *Tigris* a un esprit terrible : il ne se prive jamais d'un bon mot, *dût-il nuire à la réputation ou à la fortune des autres*, même d'un ami, et il ne passe pas pour avoir un bon caractère. Mais combien il peut être drôle ! Un jour qu'il demandait à son garde des Sceaux où en était une nomination à laquelle il tenait, G. D. lui répondit : « *Décemment*, monsieur le Président, je ne puis pas la faire ». Alors, l'autre, du tac au tac : « Faites-la *indécemment*, je m'en f..., mais faites-la. » La nomination se fit.

Le pouvoir est la grande épreuve : on voit du dedans les difficultés et les conséquences autrement qu'on ne les voit du dehors. La critique est plus aisée que l'action. *Il y a peu de règles générales et de mesures certaines pour bien gouverner : l'on suit le temps et les conjonctures.*...La tâche de ceux qui gouvernent consiste le plus souvent à choisir entre des inconvénients. Quand une attitude se développe, elle révèle les inconvénients secondaires que l'on avait prévus, et dont on a pris son parti parce qu'on a fait le calcul des avantages. L'opposition a beau jeu à négliger ceux-ci pour blâmer ceux-là. Il faut s'en tenir à sa ligne.

Gallus Maximus a cette qualité rare de ne pas se laisser dévier de son dessein principal par des circonstances accidentelles ou par des critiques passionnées, et *Mosanus* ne montre pas, dans l'exécution d'un plan nettement arrêté, une ténacité moindre. Quel bonheur pour un pays d'avoir, aux heures difficiles, de pareils hommes !

Une nation lointaine et amie est menacée, presque sous les murs de sa capitale, par l'assaut des hordes ennemies, qui pousseront plus loin leur victoire. *Gallus Maximus* voit le péril. Il pèse les risques d'une intervention et il mesure les dangers d'une abstention. Quoi qu'il décide, sa responsabilité est écrasante et, s'il se trompe, il sera maudit par l'histoire. Ses Alliés déconseillent l'action, dont ils se désintéressent. *Gallus Maximus* prend, après une délibération attentive, le parti d'agir. Rien, dès lors, ne l'en détourne. Sa clairvoyance et son énergie sauvent le pays ami, et peut-être la civilisation occidentale. Cette victoire libératrice vaut à *Gallus Maximus* une popularité immense et, les circonstances aidant, la plus haute récompense qu'un citoyen puisse obtenir dans une démocratie.

Les démocraties, mieux éclairées, semblent perdre l'habitude d'être ingrates. *Mosanus* se voue à la tâche d'obtenir d'un pays vaincu et défaillant le règlement des comptes que ce pays a signés. Il a hérité d'une situation difficile. *Tigris* avait « bien mérité de la patrie » par la façon dont il avait « fait la guerre », impitoyable aux ennemis du dehors et justement sévère à leurs complices, avoués ou déguisés, du dedans ; montrant dans les moments tragiques l'âme indomptable d'un Français qui ne veut pas que la France meure et portant, jusque dans les désastres, l'obstination courageuse d'une confiance qui ne cède pas. Mais *Tigris*, dont la victoire avait couronné et immortalisé les magnifiques efforts, avait mal fait la paix. Il léguait à ses successeurs un traité plus riche de principes que de sanctions et plus abondant en promesses qu'en réalités. A ce traité, qu'on disait le plus grand de l'histoire et qui n'en était que le plus long, il fallait ajuster les conditions d'une paix de réparation et de sécurité, auxquelles résistait l'ennemi vaincu, trop souvent aidé par l'erreur ou par l'intérêt, mal entendu, des pays qui avaient pris leur part de la bataille et de la victoire. Les successeurs de *Tigris* firent à l'union des Alliés des sacrifices dont les profits ne justifièrent pas les espérances. *Mosanus*, fort de cette expérience, exigea de la paix ce que la paix comportait encore et, pour épargner à son pays victorieux et mutilé des déceptions ou des charges nouvelles, il prit des gages chez l'ennemi qui, pouvant payer, se dérobait par des manœuvres perfides à l'exécution de ses promesses. *Mosanus* passait pour être plus tenace que souple, mais précisément la France avait plus besoin de ténacité que de souplesse. *Mosanus*, qui avait « bien mérité de la Patrie » pendant la guerre, ne mérite pas moins d'elle pendant la paix. Il a associé à la gloire d'être un grand orateur celle, qu'il préfère, d'être un grand citoyen.

Mosanus Junior et *Briocus* l'ont aidé dans une œuvre difficile qui exigeait la continuité et la solidarité de longs efforts. *Mosanus Junior*, réputé pour sa grande bravoure et pour sa haute taille, soldat blessé de la guerre, a dirigé la prise de possession des gages, dont *Briocus* a organisé la productivité. Quel pays que la

France ! La diversité de ses races en fait l'unité et l'harmonie. *Mosanus Junior* a l'âme lorraine, de la finesse, de la stratégie, de l'habileté, un patriotisme ardent, qui a su résister aux surenchères d'une démagogie imprévoyante. On lit dans les yeux verts de *Briocus* son âme celtique ; cet ingénieur a l'imagination de sa race et il met du lyrisme, en même temps que de l'ordre, dans les travaux publics.

On a les collaborateurs que l'on mérite : les choix de *Mosanus* l'ont bien servi. *Orthesius*, qui fut son secrétaire, lui a apporté les ressources de sa grande culture, les grâces de son esprit, où s'unissent l'analyse et la finesse, les séductions de sa parole nuancée et délicate. *Orthesius* a des dons remarquables d'imitation. Celle d'*Atrebatius* est parmi ses meilleures, mais il ne subit pas la contagion des défauts qu'il imite. On l'a vu engager à la fois son talent et sa responsabilité dans une belle lutte, qui lui a inspiré de beaux discours et un acte courageux. Quand *Orthesius*, dont la tâche est lourde, se décidera à porter le fer rouge dans la gangrène moscovite qui empoisonne son administration, il fera tout à fait figure d'homme d'État. *Orthesius*, vous savez plaire, mais, croyez-m'en, vous ne cesserez pas de plaire si vous savez encore agir.

L'action est la pierre de touche où se reconnaît le vrai *Politique*, dont la parole doit être une force agissante mise au service du bien public. Le politicien et le *Politique* sont des gens différents, comme sont choses différentes la politique et l'intrigue. Il arrive souvent qu'un étranger, voulant faire un compliment à un homme d'État français, lui dise : « Vous êtes un grand politicien ». Ce n'est pas un hommage. Le politicien vit de la politique, qu'il exploite comme un métier. Il n'a pas d'autres ressources que ses profits. Un mandat est pour lui une profession, à laquelle il faut faire rendre en honneurs et en argent tout ce qu'elle peut donner. S'il est vrai que *ne songer qu'à soi et au présent est une source d'erreur dans la politique*, le politicien commet cette erreur à bon escient. Peu lui importent l'intérêt général et l'avenir. Il ne s'occupe que de lui et des avantages que lui rapportent les combinaisons dans lesquelles il entre. Il joue son jeu et, s'il gagne, son but est atteint. Il ne songe pas à la gloire et ce n'est pas pour imposer son nom à la postérité qu'il se donne tant de mal. Le politicien ne ressemble pas plus à un *Politique* qu'un cabotin ne ressemble à un artiste. Le *Politique* peut se tromper : le politicien trompe. Celui-là a des desseins, un plan, des vues lointaines : celui-ci n'a que des expédients. L'un fait de la politique : l'autre se nourrit de l'intrigue. On les confond trop souvent. Et ce n'est pas la même chose. Qui ne se rappelle la définition de Figaro ?

« Feindre d'ignorer ce qu'on fait, de savoir tout ce qu'on ignore ; d'entendre ce qu'on ne comprend pas, de ne point ouïr ce qu'on entend ; surtout de pourvoir au delà de ses forces ; avoir souvent pour grand secret de cacher qu'il n'y en a point ; s'enfermer pour tailler des plumes, et paraître profond quand on n'est, comme on dit, que vide et creux ; jouer bien ou mal un personnage ; répandre des espions et pensionner des traîtres;... intercepter des lettres ; et tâcher d'anoblir la pauvreté des moyens par l'importance des objets : voilà toute la politique, ou je meure !

Le Comte. — Eh ! c'est l'intrigue que tu définis !

Figaro. — La politique, l'intrigue, volontiers ; mais comme je les crois un peu germaines, en fasse que voudra ! »

Évidemment il y a entre les deux un faux air de parenté, mais il est, malgré les apparences, injuste de les confondre. On va difficilement de l'une à l'autre. *Un homme qui a vécu dans l'intrigue un certain temps ne peut plus s'en passer : toute autre vie est pour lui languissante.* Cela est vrai aussi de la politique. Est-ce une raison pour ne faire entre elles aucune différence ? Il n'est pas interdit au politique d'être habile ni d'être fin ; ce sont, au contraire, des qualités requises, mais l'habileté n'est pas l'intrigue, et la finesse n'est la fourberie que *si on y ajoute le mensonge.* On n'agit quelquefois « au delà de ses forces » que parce qu'on a su dissimuler sa faiblesse, et « pour savoir ce que l'on ignore », il est quelquefois nécessaire de donner l'illusion que l'on ne l'ignore pas. Il n'est pas vrai non plus que *le chemin détourné* ou *de traverse* est *le plus court pour arriver aux dignités*, et l'on n'y arrive pas moins par ce qu'on *appelle la grande voie*. L'intrigue exclut le dévouement, mais Lamartine a dit avec force que « l'égoïsme, en trompant les autres, se trompe lui-même, tandis que le dévouement ne se trompe jamais ». La grande voie est la plus sûre.

Le *Politique* a malheureusement besoin de recourir aux politiciens ; il agit par devoir et il doit se servir de ceux qui agissent par spéculation. *Il faut des fripons... auprès des ministres, même les mieux intentionnés; il y a des temps où ils ne peuvent être suppléés par d'autres. Honneur, vertu, conscience, qualités toujours respectables, souvent inutiles: que voulez-vous quelquefois que l'on fasse d'un homme de bien?* Bossuet n'a pas dit autre chose : « La vertu n'est pas propre aux affaires : il faut quelque chose de plus souple pour ménager la faveur des hommes ; d'ailleurs, elle est trop sérieuse et trop retirée.... Veut-elle qu'on aille la chercher dans son cabinet ? »

Qu'on ne me fasse pas dire pourtant ce que je ne dis pas. Je n'invoque pas La Bruyère et Bossuet au profit des fripons et au détriment de la vertu. Je crois simplement avec eux que toute la politique ne se fait pas avec les seuls honnêtes gens. Il y a les autres, dont *l'usage est délicat* et qu'il *faut savoir mettre en œuvre*, en interdisant sa familiarité à certains *hommes alertes, empressés, intrigants, aventureux, esprits dangereux et nuisibles. Érophile*, je n'aime pas vos relations et vos compromissions, vos procédés, vos chantages, vos intrigues, votre basse police, où le gouvernement s'avilit ; mais ne croyez pas, *Héraclite*, que tout peut se dire de tout ce qui se fait, même sous la plus honnête des administrations, qui est la vôtre : on ne gouverne pas les hommes seulement avec leurs vertus, et il y a des plats qui exigent des épices.

On reproche moins au *Politique* ses relations que ses changements, et ce sont surtout ses contradictions qui excitent la verve des uns et l'indignation des autres, comme s'il était le seul à se tromper et à se déjuger ! Hélas ! non : il suffit d'être homme pour être faillible. *Il ne faut pas vingt années accomplies pour voir changer les hommes d'opinion sur les choses les plus sérieuses comme sur celles qui leur ont paru les plus sûres et les plus vraies.* Aux hommes politiques, je conviens qu'il faut moins encore, mais n'est-ce pas que, jetés dans l'action, ils en éprouvent et ils sont forcés d'en suivre l'incessante mobilité ? *Vérité en deçà des Pyrénées, erreur au delà* : Pascal l'a dit après Montaigne, mais n'a-t-il pas dit aussi qu' « en peu d'années de possession, les lois fondamentales changent » et que « le droit a ses époques » ? C'est donc que, même en deçà des Pyrénées, la vérité est instable ? Peut-on demander aux opinions des hommes la solidité qu'elle-même n'a pas ? Ce qui se passe d'un pays à l'autre peut se passer dans le même pays : l'expérience, l'âge et les conditions changent les points de vue. Dans l'opposition, on critique : dans le gouvernement, on agit. Mirabeau, dans ses admirables lettres au comte de la Marck, qui furent le bréviaire de Gambetta et les fondements de sa méthode, a dit là-dessus la grande parole: « Pour un homme, quel qu'il soit, une grande élévation est une crise qui guérit les maux qu'il a et lui donne ceux qu'il n'a point.... *Des jacobins ministres ne seraient pas des ministres jacobins.* » Est-ce un plaidoyer pour la versatilité ? Non, c'est un témoignage pour la vérité. Victor Hugo, dans un âge et dans un état où il ne pouvait pas être soupçonné de parler pour sa propre cause, a écrit avec une grande force : « Mauvais éloge d'un homme que de dire : son opinion politique n'a pas varié depuis quarante ans. C'est dire que, pour lui, il n'y a eu ni expérience de chaque jour, ni réflexion, ni repli de la pensée sur les faits. C'est louer une eau d'être stagnante, un arbre d'être mort ; c'est préférer l'huître à l'aigle. Tout est variable au contraire dans l'opinion ; rien n'est absolu dans les choses politiques, excepté la moralité intérieure de ces choses. Or, cette moralité est affaire de conscience et non d'opinion. L'opinion d'un homme peut donc changer honorablement, pourvu que sa conscience ne change pas.... Ce qui est honteux, c'est de changer d'opinion pour son intérêt, et que ce soit un écu ou un galon qui vous fasse brusquement passer du blanc au tricolore, et *vice versa.* »

Quand *les temps sont changés aussi bien que les lieux,* doit-on persister dans une attitude que l'on sent à la fois erronée et dangereuse ? Il faut savoir sacrifier son amour-propre à son devoir, et se dire qu'il est plus absurde de prolonger une erreur que de la commettre. *Tigris* se serait rendu coupable d'un crime envers son pays si, ayant écrit, avant son arrivée au pouvoir, *de bello Thessalonico* pour combattre l'expédition, il en avait par des instructions hostiles écarté les bénéfices, qui assurèrent la victoire. Mais *Tigris* est patriote, et je suis sûr que dans son cœur de Français il dut se réjouir de s'être trompé.

La femme du « ministrable » n'a pas encore trouvé son nom : la femme d'un ministre s'appelle, d'un vilain mot, la « ministresse ». Y a-t-il plus d'avantages que de risques pour le *Politique* à être marié ? J'en viens encore à mon auteur, mais, cette fois, pour le contredire : *Un homme libre et qui n'a point de femme, s'il a quelque esprit, peut s'élever au-dessus de sa fortune, se mêler dans le monde et aller de pair avec les plus honnêtes gens. Cela est moins facile à qui est engagé : il semble que le mariage met tout le monde dans son ordre.* L'ordre du mariage n'est pas uniforme et il n'est aucun monde où toutes les femmes se ressemblent. Partout, il y en a de toutes : la politique n'échappe pas à la loi commune.

Il est rare que la femme du « Politique » n'aime

pas la carrière de son mari et n'en favorise pas, ou du moins n'en partage pas, les ambitions. Mais cela peut arriver. Je sais des femmes qui ont la politique en horreur. Ne leur parlez pas des services à rendre, de l'intérêt public, du devoir envers le pays : elles ont l'âme trop haute pour ne pas y croire, mais elles redoutent ou elles méprisent les compromissions qui sont trop souvent la rançon de ce devoir. Le pouvoir, même si elles y réussissent, est pour elles une servitude plus qu'un honneur. Elles n'ont aucun plaisir à être les « reines » de la démocratie triomphante ; elles préfèrent leur intérieur, même modeste, au luxe doré des palais ministériels. On ne les voit pas dans les galeries du Palais-Bourbon ou du Luxembourg. Elles veulent la paix du ménage.

D'autres, passionnées et ardentes, poussent leur mari et soignent sa carrière ; elles font des visites et elles sollicitent des présentations ; elles assistent aux séances ; elles saluent les « honorables » qu'elles connaissent dans la salle ; elles ponctuent les discours de signes d'approbation ou de blâme ; et elles rentrent chez elles encore enfiévrées de la bataille dont elles ont le regret de n'avoir été que les spectatrices. Celles-ci ont une opinion et un parti, des préférences et des exigences. Leur salon a l'agitation d'un club politique, où le mari peut n'être pas l'homme du jour. Elles attirent vers elles les gloires décolorées qui jettent leurs derniers reflets et les jeunes têtes promises à un brillant destin. Rien ne leur échappe et les dessous de l'action parlementaire n'ont pas de secrets pour elles. Elles sont indiscrètes au double sens du mot, et par ce qu'elles demandent et par ce qu'elles répètent. Il leur arrive d'être jolies et d'amuser par le contraste entre leur grâce séduisante et les problèmes qui paraissent les intéresser. Mais il faut bien le dire, elles ont une curiosité plus grande pour les hommes que pour les affaires. La politique est pour elles un jeu aux chances diverses, dont elles suivent les péripéties comme elles guettent aux courses le sort du favori et l'arrivée du gagnant.

Entre les résignées et les passionnées, il y a la grande masse des braves femmes qui n'ennuient pas leurs maris de sollicitations importunes, se contentent de leur situation, regrettent même parfois leur province et suivent les programmes scolaires avec plus d'attention que les débats parlementaires. Arrivées au pouvoir, elles ne perdent pas la tête et elles font avec simplicité ce qu'elles doivent faire. Ces bourgeoises ne se croient pas des « princesses » ; elles ne guindent ni leur langage ni leurs manières ; elles restent partout dans la juste mesure et même, à l'occasion, elles savent trouver le mot qui porte et qui convient à des circonstances difficiles. « Je ne suis pas venue ici pour mon plaisir : je ne m'en irai pas pour le plaisir des autres », disait, avec le vrai sentiment de sa dignité offensée, la femme d'un « homme en place » contre lequel on poursuivait une violente et misérable campagne. Presque toutes ont, du premier moment, le ton de la fonction, si haute soit-elle, et elles en remplissent avec un tact parfait toutes les obligations. Elles n'ont pas besoin d'être allées à la Cour pour rendre à un souverain les honneurs protocolaires, et si leurs révérences manquent un peu « d'usage », elles y mettent sans effort tout ce qu'il faut de grâce et de fierté jusque dans le respect. Guettée par la jalousie, surveillée par la malveillance, exposée à tous les risques d'un rôle public, la femme du *Politique* ne prête, dans l'ensemble, ni à dire ni à rire : elle est une femme française, et je ne crois pas qu'on puisse, surtout depuis la guerre, faire d'elle un meilleur éloge.

Est-elle plus trompée qu'une autre ? Il n'y a pas des statistiques officielles pour les infidélités conjugales et il est imprudent de juger sur les apparences ou de prêter foi aux commérages. Évidemment, le *Politique* a des « occasions », mais non pas toujours du degré que l'on croit. Évidemment aussi, il va chez *Thaïs* ou chez *Phryné*, mais comme les autres, pas plus que les autres : il est dans la moyenne de la vertu humaine, ni au-dessus ni au-dessous, comme un avocat, un médecin, un financier, un artiste, un homme de lettres ou un notaire. Les histoires ou les historiettes que l'on raconte sur lui se répandent plus vite et elles vont plus loin ; elles créent une légende contre laquelle il n'y a qu'à répéter le mot de Figaro sur sa réputation : « Et si je vaux mieux qu'elle ? »

La réputation d'un *Politique* court des dangers plus

sérieux. Aucune situation n'offre plus de tentations, plus de contacts dangereux, ou, pour écrire le mot cru, plus de risques de vénalité. C'est l'écueil le plus terrible d'une mer déjà très orageuse. Je le dis tout de suite : le très grand nombre, le plus grand nombre y échappent. S'il y a des courtiers marrons, des besogneux cupides, des commissionnaires rétribués et jusqu'à d'audacieux fripons, l'honnêteté est la grande règle. Toutes les professions ont leurs parasites : mais les juge-t-on sur des exceptions ? L'aventure scandaleuse d'un prêtre, l'escroquerie d'un financier, la cupidité criminelle d'un chirurgien ou d'un avocat condamnent-elles le clergé, la banque, la médecine ou le barreau ? La Troisième République, avec son demi-siècle d'existence, peut, au point de vue de l'honnêteté parlementaire, supporter et même provoquer la comparaison avec les régimes de la Restauration ou de la Monarchie de Juillet. Elle a eu ses brebis galeuses : mais le troupeau est resté intact. Les plus grandes affaires n'ont pas sali les mains des ministres qui les ont traitées. Les uns ont passé souvent par le gouvernement : les autres y sont restés longtemps. Ces honnêtes gens avaient les mains propres. Qui a connu l'intérieur modeste d'un Brisson ou d'un Charles Dupuy, d'un Sarrien ou d'un Combes, pour ne parler que des morts, refusera-t-il de s'associer à mon témoignage ? La démocratie n'est pas plus une école de corruption que la monarchie : moins peut-être car si les appétits y sont plus nombreux, le contrôle y est plus sévère. J'en discutai il y a quelques années avec un prince, depuis devenu roi. Vous souvient-il, sire, de cette conversation, dont votre bonne grâce autorisait la familiarité? Je n'en retrancherais pas un mot, mais quels noms j'y pourrais ajouter si je nommais les vivants ! Votre Majesté serait-elle aussi sûre des hommes publics de son pays? N'y a-t-il pas des *âmes sales, pétries de boue et d'ordure, éprises du gain et de l'intérêt?*... Le *Politique* en France n'échappe ni aux défauts ni aux ridicules. Mais il sort du pouvoir tel qu'il y est entré, jamais plus riche, souvent plus pauvre. On ne peut pas partout en dire autant.

CHAPITRE IV

LA PRÉSIDENCE
DE LA RÉPUBLIQUE

UN président de la République est-il nécessaire au régime républicain ? La question serait paradoxale si l'on ne se souvenait qu'en 1848 Jules Grévy — qui depuis ... — proposa un amendement célèbre pour déléguer le pouvoir exécutif à un citoyen, toujours révocable, investi du titre de président du Conseil des ministres. Jules Grévy redoutait les dangers de la dictature, plus facile avec un président de la République élu par le suffrage universel. A ce point de vue, il montrait une clairvoyance et un sens politique qui firent défaut au génie de Lamartine.

Mais la question change d'aspect si la Constitution substitue au plébiscite l'élection par les Assemblées. C'est notre régime : il a fait ses preuves. Au cours des cinquante années qu'a durées la République constitutionnelle, la transmission des pouvoirs s'est opérée sans secousse et, quand des accidents ou des incidents ont entraîné des démissions, le régime et le système ont démontré leur égale solidité. Il est vrai que les présidents n'ont pas toujours été nommés pour eux-mêmes et pour leur valeur propre, mais parfois *contre quelqu'un*. A cela on ne peut rien : qui dit élection dit choix, et le choix se détermine souvent beaucoup moins par le goût d'une préférence que par le désir d'une exclusion. Ce n'est pas toujours la politique intérieure qui prévaut : M. Poincaré et M. Millerand ont été portés à la Présidence par une popularité née surtout des succès de leur politique extérieure.

Il s'est trouvé des gens — avant que vînt leur propre tour — pour dénoncer cette sorte de prime que la présidence du Conseil assure à un candidat. Évidemment le pouvoir donne, surtout par la presse, de grands moyens d'action, mais ni le pouvoir ni la presse ne suffisent à déterminer le succès d'une élection qui se fait au scrutin secret. Quelle popularité égala jamais celle de M. Clemenceau en février 1920 ? Les élections législatives lui avaient renvoyé la Chambre qu'il voulait et presque toute la presse soutenait sa candidature. Pourtant le scrutin préparatoire donna l'avance à M. Paul Deschanel, et je crois bien que si M. Clemenceau avait continué la bataille, il n'aurait pas connu un sort différent. La présidence du Conseil ne garantit donc pas la présidence de la République, — M. Charles Dupuy en avait déjà fait l'expérience en 1894, — mais il serait injuste qu'elle pût l'exclure : les services rendus auraient une paradoxale conséquence s'ils écartaient un bon serviteur de la magistrature suprême.

D'ailleurs un homme en exercice et en forme subit la présidence de la République plus qu'il ne la désire : M. Poincaré en 1913 et M. Millerand en 1920 y furent poussés contre leur gré par des désistements et par des circonstances dont ils ne furent, ni l'un ni l'autre, les maîtres.

La Présidence de la République n'est pas un poste d'action : aussi les hommes d'action en déclinent-ils ou en ajournent-ils la charge. On dit qu'elle est une prison : c'est une erreur, un président n'est prisonnier que dans la mesure où il veut l'être et le jardin de l'Élysée n'est pas un préau où sont comptés les pas et les heures. M. Millerand ne sort-il pas ? Ne va-t-il pas ? Ne vient-il pas ? Il est le premier citoyen du pays ; mais, dans la rue, il « aspire à descendre », à marcher, à regarder, seul ou avec l'un des siens, insoucieux de la foule qu'il fend, et goûtant la joie d'être le plus souvent ignoré d'elle. Il fuit les hommages plus qu'il ne les provoque. Il exerce les droits d'un Français ambulant, mais il est, malgré qu'il en ait, président de la République. Que faire ? Mon coiffeur, qui le trouvait presque tous les jours sur son passage, me dit son embarras. « Si je ne le salue pas, je crois être incorrect ; si je le salue, je crois être indiscret. » Je lui donnai le conseil de saluer le président une fois sur deux. Mais, que M. Millerand me le pardonne, je n'ai pas appuyé ce conseil « salomonesque » de la force de l'exemple : quand je le rencontre, je l'évite, et je donne à cette abstention le sens discret d'un hommage.

La Présidence de la République n'est pas une sinécure ; elle occupe son homme, mais l'irresponsabilité constitutionnelle est-elle, autant qu'on le dit, une forme déguisée de l'impuissance ? Affaire de tempérament : la pratique de la Constitution dépend, s'il m'est permis de risquer ce jeu de mots, de la constitution de chacun.

Entre ce que la Constitution permet au chef de l'État
et ce qu'elle lui interdit, il y a une marge très étendue
où son activité peut se mouvoir. Et s'il veut, il peut
beaucoup. Le tout est de vouloir ce qu'il peut. Je sais
qu'il conseille sans être responsable et que son autorité
s'arrête aux frontières de l'action, tandis que le président du Conseil agit et rend compte de ses actes. La
situation est difficile : elle n'est pas insoluble. Sous le
16 mai, le maréchal de Mac-Mahon a faussé deux fois
la Constitution : en congédiant sans motif avouable
un ministère et en déformant la dissolution. Ces abus
du droit ont tué deux droits, dont l'usage est devenu
d'autant plus impossible que le président de la République n'a pas le pouvoir d'adresser *directement* un
message aux Chambres. La revision de la Constitution est une formule d'un sens si vague que les conceptions les plus contradictoires y abritent leurs
espérances. Il faudrait, du moins, la préciser. Je
n'aime pas les mots qui disent à la fois tant et si
peu. Et ne vaudrait-il pas mieux reviser les mœurs
publiques et les méthodes parlementaires ? La Constitution de 1875 n'est pour rien dans leurs abus : est-il
sûr qu'on l'applique toujours ?

Il y a eu *et il a y* des présidents qui ont « la manière ».
C'est assez de le dire : si je voulais le prouver, je le
ferais sans peine, mais non sans violer des secrets qui
ne sont pas seulement les miens. Tant vaut l'homme,
tant vaut la fonction. Entre la dictature et l'abdica-
tion, entre la toute-puissance et l'impuissance, entre

la présence qui se mêle à tout et l'absence qui ne s'occupe de rien, il y a mille et un degrés pour ce que j'appellerai, d'un mot qui dit bien ma pensée, les *conseils agissants*. Un président du Conseil, dont la fonction est instable, manquerait à son devoir s'il ne tenait pas au courant de tout le président de la République, dont le mandat septennal assure une continuité efficace, quoique relative. Mais un Président de la République n'exercerait pas sa fonction, il n'en comprendrait pas l'utilité et il n'en mesurerait pas l'étendue s'il ne donnait pas librement et sincèrement son avis sur toutes les questions où l'avenir du pays est engagé. Le régime parlementaire repose sur la discussion : nul n'est infaillible et nul ne peut prétendre se passer des conseils des autres. Tant pis pour ceux qui les rejettent *par présomption et par humeur* : tant mieux pour ceux qui les suivent *par réflexion* et même *par nécessité*. L'équilibre des pouvoirs implique une collaboration : elle n'est jamais impossible entre des hommes dont aucun ne s'est fait un dogme de sa propre infaillibilité.

CHAPITRE V

HORS DU PARLEMENT :
L'ACTION DES PARLEMENTAIRES

Lugdunus. § *Parisius.*

L'ACTION du *Politique* n'est pas d'ordre exclusivement parlementaire : elle peut s'exercer au dehors. Un très grand nombre de sénateurs et de députés sont maires de communes plus ou moins importantes. *Lugdunus* occupe parmi eux le premier rang. Il gère les intérêts de sa ville avec une impartialité, une activité clairvoyante et une habileté qui en font un administrateur hors de pair. *Lugdunus* aime à *créer* et à *agir*. Grand et bâti en force, il est l'Atlas du parti radical, dont il porte sur ses larges épaules les destinées incertaines. Il y a dans cette force beaucoup de finesse. *Lugdunus* a le goût éclairé des lettres et des arts, qui se retrouve jusque dans sa parole claire et aisée, où abondent d'heureuses formules. *Lugdunus* est écrivain et il est orateur, mais *Lugdunus* est-il un chef ?

A côté des mandats, il y a les missions. La guerre les avait multipliées : il y en eut d'utiles. Leur usage, quoique moindre, a survécu : il en est de nécessaires.

Versalius, qui a du courage, une grande faculté d'assimilation et une rare puissance de travail, fit aux États-Unis de la bonne besogne : il faut lui accorder la justice qu'il refuse souvent aux autres.

Après lui, la paix signée, *Atacinus*, dont l'esprit lyrique sait se plier aux réalités de l'administration et aux jeux de la diplomatie, put, livré à lui-même, régler en ces mêmes lieux des questions délicates dont la solution paraissait gravement compromise.

J'en pourrais citer d'autres, mais *Parisius* est leur maître à tous. Que serait sans lui la Ligue dont Genève a le siège et dont Bruxelles aurait mérité l'honneur ? S'il ne l'a pas créée, il l'avait prédite. On peut regretter qu'elle ne soit pas faite à son image ou plutôt qu'elle n'ait pas été instituée sur l'image qu'il s'en faisait : elle serait mieux armée pour une action plus efficace.

Parisius a l'intelligence vive, le goût délicat, la parole souple, élégante et fine. Porté aux solutions conciliantes, il n'est pas une « nolonté ». Pacifiste, il n'a jamais « bêlé » la paix, qu'il n'a pas confondue avec la désertion du droit national. Il est Français par la race, par la mesure, par son respect des grandeurs du passé et par sa confiance dans un avenir plus équitable et plus stable, où la solidarité humaine deviendra la loi du monde. Mais il n'est pas un rêveur qui se perd dans des idées abstraites : il a le sens des intérêts généraux et permanents du pays, qui commandent les solutions. Aucun homme n'a refusé ou abdiqué plus d'honneurs que *Parisius*, mais, fatigué et malade, il ne s'est pas retiré de l'action internationale où aucune autorité n'égale la sienne. Il est pour la France une parure et une force. Qui n'est pas l'ami de *Parisius* ne sait pas jusqu'où peut aller la séduction d'un *Politique* aussi averti des questions d'art que des problèmes extérieurs.

Nemetacus a exercé, dans une province de la Gaule africaine, avec une clairvoyante sagesse, des fonctions dont l'histoire, mieux renseignée que les partis, dira quels services elles ont rendus à la défense nationale. Il occupe ailleurs un poste difficile. S'il le quitte, *Oltus* en acceptera-t-il le périlleux honneur? Il y a en lui de l'éloquence, de l'habileté, de la séduction, une psychologie éveillée et vive. Faites d'*Oltus* un diplomate : il sera dans l'emploi de ses talents et de ses goûts.

TROISIÈME PARTIE

LA RETRAITE

CHAPITRE UNIQUE

Il n'y a pas de retraite pour le *Politique*. Aucune limite d'âge ne fixe de limites à son dévouement. Le *lasciate ogni speranza* n'existe pas pour lui : le *Politique* espère toujours.

TABLE DES MATIÈRES

TROISIÈME PARTIE

LA RETRAITE

IMPRIMERIE CRÉTÉ
CORBEIL (S.-ET-O.).